ALLEN MENSCHEN IN AFRIKA

UND GANZ BESONDERS DEN

WUNDERBAREN KÜNSTLERN VON

AFRIKA! AFRIKA!

EIN BUCH VON BARBARA SCHMID MIT FOTOGRAFIEN VON HARALD EISENBERGER U. A.

AFRIKA! AFRIKA!
DAS KOCHBUCH

Sinnlich essen und trinken mit André Hellers Meisterartisten vom magischen Zirkusereignis

CHRISTIAN BRANDSTÄTTER VERLAG

VORBEMERKUNG

Dieses Buch verdankt seine Entstehung tatsächlich der 18. Fußball-Weltmeisterschaft. André Heller, der Kulturbeauftragte der WM 2006 in Deutschland, hatte mich gefragt, ob ich ihn als Sprecherin begleiten wolle, und mein Verlag, der SPIEGEL, stellte mich großzügigerweise für diese Aufgabe frei.

Während der Vorbereitungen unterbrach André Heller immer wieder für ein paar Tage die Arbeit für die WM und kam strahlend, ja geradezu aufgeladen mit größter positiver Energie zurück. Er hatte dann sein „Afrika" besucht, das damals in Mannheim lag. In einer unwirtlichen, staubigen Halle nahm sein neuestes Projekt Gestalt an: das inzwischen überaus erfolgreiche Zirkuserlebnis *Afrika! Afrika!*

An einem trüben Herbsttag fuhr ich Heller hinterher, eilige Plakatentwürfe für die WM im Gepäck. Die waren bald vergessen, denn das Afrika-Virus hatte mich in Sekundenbruchteilen gepackt. Junge Afrikanerinnen und Afrikaner mit unbändiger Lebensfreude probten Menschenpyramiden, kurvten in halsbrecherischem Tempo auf Einrädern über die Bühne, andere wirbelten Tische und Stühle durch die Luft. Musiker und Sänger studierten erste Klangfolgen ein, ein paar dicke afrikanische Mamas versorgten alle mit selbst gekochtem Essen.

Auf mehreren Reisen durch den schwarzen Kontinent hatte ich die afrikanische Küche zwischen Casablanca und Kapstadt bereits kennen gelernt und auch die herzliche Gastfreundschaft. Hier im Zirkus erfuhr ich so viele Geschichten rund ums Essen, dass die Idee vom Kochbuch entstand.

Und dieses Buch soll viel mehr sein als nur eine Rezept-Sammlung. Es soll ein echtes Lesebuch sein, das diesen ungewöhnlichen Zirkus aus einem ganz intimen Blickwinkel zeigt, seine Menschen und ihre Geschichten, und dem, was für Afrikaner zum Leben gehört: gutes Essen mit Freunden, nach Rezepten, die seit Generationen von den Müttern an ihre Töchter weitergegeben werden.

Viele Rezepte wurden zum ersten Mal aufgeschrieben, da einige dieser Mütter Analphabeten sind. Sie messen ihre Zutaten auch nicht in Gramm oder Milliliter, sondern in Tassen und Teelöffeln. Bei Mengenangaben von Gemüse etwa hörte ich oft „zwei, drei Hände voll".

Alexander Ehrgott, dem bewundernswert gelassenen wie kreativen Küchendirektor des afrikanischen Zirkus, ist es zu verdanken, dass aus diesen mitunter oft rudimentären Angaben eine einmalige Rezeptsammlung entstand. Tagelang haben er und seine Küchen-Crew erst nach den Zutaten gefahndet, dann gekocht und immer wieder aufs Neue probiert. Da in Afrika beim Kochen nicht mit Pfeffer und Chili gespart wird, haben sie die Rezepte dort, wo es für europäische Gaumen zu scharf sein könnte, ein wenig abgemildert. 100 Artisten aus gut 20 Ländern waren durchaus kritische und überaus hingebungsvolle Testesser.

Auf ein Gewürz haben wir dabei bewusst verzichtet, das sich in ganz Afrika höchster Beliebtheit erfreut: den Maggi-Würfel! In den sechziger Jahren des letzten Jahrhunderts hat das Würzmittel aus Schweizer Produktion seinen Siegeszug durch die Töpfe des schwarzen Kontinents angetreten. Ohne Kühlschrank und gute Lagermöglichkeiten sicher eine willkommene Erleichterung für die dortigen Köchinnen. Wir haben uns erlaubt mit Fleisch- und Gemüsebrühen zu arbeiten; wer es sich leichter machen möchte – bitte schön.

MAROKKO

ÄGYPTEN

NIGER

Sudan

Senegal

Gambia

ÄTHIOPIEN

GHANA

Zentral
Afrika

Elfenbein
Küste

Kenia

Kamerun

GABUN

KONGO

Tansania

SÜD
AFRIKA

9

GABUN

Yvon von den Gabunese Eagles

Bei seinem Auftritt trägt Yvon Serge Nziengui Moulungui zwei Landsleute auf den Schultern und stemmt mit rechts und links zwei weitere in die Höhe. Ohne Kostüm wirkt der Gabunese mit den langen schwarzen Rastazöpfen fast schmal. Mit 17 Jahren schickten ihn seine Eltern in die Hauptstadt Libreville in eine Zirkusschule; ganz in der Nähe liegt das von Albert Schweitzer gegründete, legendäre Lambaréné-Krankenhaus.

Yvons Lehrer war ein „Weißer aus Paris", ein Missionar, der schon lange in dem Land mit den prächtigen Regenwäldern gelebt und immer davon geträumt hatte, einen eigenen Zirkus aufzumachen. Seine Schüler arbeiten heute auf der ganzen Welt, wie Yvon, der selbst schon in Amerika aufgetreten ist. Seit zehn Jahren geht Yvon mit unterschiedlichen Gruppen auf Tournee, und doch ist Hellers Zirkus etwas ganz Besonderes für ihn: „Noch nie habe ich auf der Bühne so viel Energie, die Kraft des ganzen Kontinents, die Stärke und Schönheit Afrikas gespürt."

Seine Heimat Gabun ist ein muslimisches Emirat, reich an Erdöl, mit einer florierenden Holzwirtschaft und atemberaubenden Küstenlandschaften am Atlantik. Die Küche weist noch deutliche Spuren der ehemaligen französischen Kolonie auf, die 1966 in die Unabhängigkeit entlassen wurde. Im Gegensatz zu vielen anderen afrikanischen Ländern wird in Gabun gerne Alkohol getrunken. Yvons erstes Rezept ist darum auch eine „Hang-over-Bouillon".

Hang-over-Bouillon

500 g Fischfilet, ohne Haut und Gräten

2 mittelgroße Zwiebeln, in Scheiben
geschnitten

2 rote Chilischoten, fein geschnitten

2 unbehandelte Zitronen

Koriander nach Geschmack

1 kleine Karotte, in dünne Scheiben
geschnitten

2 Knoblauchzehen, gehackt

3/4 l Gemüsebrühe

neutrales Öl

Geschnittene Zwiebeln, Karotte, Knoblauch und Chilischoten in neutralem Öl kurz andünsten. Mit Gemüsebrühe und Zitronensaft (2 oder 3 dünne Zitronenscheiben für später aufheben) aufgießen, aufkochen lassen und mit Salz und Pfeffer abschmecken. Das Fischfilet und die Zitronenscheiben einlegen und 10 Minuten ganz leicht köcheln lassen. Vor dem Servieren die Korianderblättchen darüberstreuen und die Zitronenscheiben entfernen.

Frisch gepresster Zitronensaft muss sein, erklärt Yvon: „Der Fisch muss sich wohl fühlen."

Alle Rezepte sind für 4 Personen berechnet. Die Fest-Rezepte sind für mehrere Personen ausgelegt.

Aubergine au Poisson fumé

600 g Stockfisch

4 kleine afrikanische (ersatzweise
italienische) Auberginen

4 mittelgroße Zwiebeln

Olivenöl

1 Dose Tomaten, passiert mit Stücken

Zitronenthymian

etwas Zitronensaft

Salz, Pfeffer

Frischen Fisch, z. B. Red Tong, ausnehmen, mit Salz einreiben und zwei Wochen in der Sonne trocknen lassen. In Deutschland rät Yvon, nach Kenntnis des hiesigen Wetters, gleich zum Kauf von getrocknetem Fisch. Dieser sollte einen Tag lang wässern, alle paar Stunden sollte das Wasser gewechselt werden! Auberginen und Zwiebeln in grobe Würfel schneiden und kräftig in Öl anbraten. Gemüse herausnehmen, das Bratfett mit den Dosentomaten ablöschen und den in mundgerechte Stücke geteilten Fisch einlegen. Mit Zitronensaft und Zitronenthymian würzen und 10 Minuten lang auf kleiner Flamme schmoren lassen. Anschließend die Zwiebeln und Auberginen wieder dazugeben, das Ganze erhitzen und servieren.

Dazu werden in Yvons Familie Kochbananen serviert. Die Speise lässt sich auch sehr gut mit Reis kombinieren.

Niemboue

8 Spanferkel-Koteletts

8 kleine Zwiebeln

1 Tasse Weißwein, z. B. ein würziger

Sauvignon Blanc des südafrikanischen

Weinproduzenten „Golden Kaan"

1 Tasse Gemüsebrühe

grobes Meersalz

Pfeffer

Puderzucker

Palmöl

Porce pic – Stachelschwein – wird hierzulande schwer zu bekommen sein, das Rezept gelingt aber auch sehr gut mit Spanferkel.

Zuerst werden 4 Zwiebeln der Länge nach halbiert, mit Meersalz und Pfeffer gewürzt und mit der Schnittseite nach unten auf ein Backblech gesetzt. Die Zutaten nun mit einer halben Tasse Wein und Brühe übergießen und bei 160 Grad im vorgeheizten Backofen etwa 1 Stunde schmoren.
Die restlichen Zwiebeln in Streifen schneiden und bei milder Hitze in einer Pfanne dünsten. Mit etwas Puderzucker bestäuben, so dass sie leicht karamellisieren. Sobald sie braun werden, mit dem restlichen Wein ablöschen und noch ein paar Minuten weiterdünsten. Die Koteletts mit Salz und Pfeffer würzen und in Palmöl knusprig anbraten. Je zwei Koteletts auf etwas Zwiebelmus anrichten und mit einer Ofen-Zwiebel garnieren. Dazu wird ein Püree aus Maniokmehl serviert.

ELFENBEINKÜSTE

Georges Momboye

Georges Momboye, der Choreograf und künstlerische Direktor des afrikanischen Zirkus, ist der Enkel eines Stammeshäuptlings, der einst über weite Teile der Elfenbeinküste gebot. Mit *Afrika! Afrika!* ging für den 38-Jährigen, der zu den renommiertesten Vertretern des modernen afrikanischen Tanzes gehört, ein Lebenstraum in Erfüllung: „Zum ersten Mal arbeiten Menschen aus dem ganzen Kontinent zusammen und zeigen ihre Kraft, ihre Lebensfreude, ihre Schönheit und Würde." Der Zirkus sei ein Vorbild für ganz Afrika.

Um diesen Traum zu erhalten, führt Georges ein strenges Regiment. Immer wieder verbessert und feilt er an den einzelnen Show-Akten. Nichts entgeht ihm: Der einzige Weiße im Ensemble, der Südafrikaner William Ramsey, darf als Kapellmeister keine Shorts auf der Bühne tragen und helles Bein zeigen, egal wie hoch die Temperaturen sind. Und die Tänzerinnen schickt er regelmäßig auf die Waage, damit sie nicht zu dick werden und seine Ästhetik stören.

Zu seinen schönsten Kindheitserinnerungen gehören die Erntefeste. Drei Tage lang wurde mit vielen hundert Leuten gefeiert, die besten Köchinnen des Ortes bereiteten eine schier unendliche Fülle von Gerichten zu – für die Kinder ein wahres Schlaraffenland.

Georges, der inzwischen im Pariser Vorort Belleville lebt und eine eigene Tanz-Kompanie betreibt, zieht die Küche seines Heimatlandes immer noch der französischen Küche, der angeblich besten der Welt, vor. Dabei war seine Familie in der ehemals französischen Kolonie Elfenbeinküste so frankophil, dass sein Vater auf den Namen Georges Pompidou hörte.

Nur das Baguette findet Georges Gnade, das kauft er sich in Paris gleich mehrmals frisch am Tag. Schwere französische Sahnesoßen findet er dagegen ungenießbar, und Steaks roh und ohne Bratensoße zu essen, käme ihm nicht in den Sinn: „Ich verstehe nicht, wie man Fleisch ohne Soße essen kann. Bei uns spielen Soßen eine große Rolle."

Selber kochen kann Georges nicht, das ist für ihn – immer noch – Frauensache. Sein Vater hatte vier Frauen und 14 Kinder. „Eine Frau ist für einen echten Mann doch viel zu wenig", sagt Georges und erzählt strahlend, in Afrika gebe es den schönen Brauch, dass ein Mann auswärts sein „zweites, drittes Büro" unterhält. Ob er wohl ein „deuxième bureau" im Zirkus unterhält? Georges lächelt und schweigt.

Die Rezepte stammen von seiner „Hauptfrau" und den Frauen seines Vaters, die er alle Mütter nennt.

Viktoriabarsch à la Sauce Pkele

1 großer Fisch im Ganzen, z. B.

Viktoriabarsch

200 g getrockneter Fisch

1 Tasse getrocknete Pilze

Salz, gemahlener Pfeffer

Chili, getrocknet

Getrocknete Pilze für etwa 20 Minuten einweichen. Den getrockneten Fisch mit den eingeweichten Pilzen, dem Einweichwasser und den Gewürzen 30 Minuten köcheln. Den Viktoriabarsch würzen und in eine Kasserolle legen, mit der Soße übergießen und im vorgeheizten Backofen bei 160 Grad ca. 30 Minuten schmoren lassen. Mit Reis servieren.

Rindfleisch mit Gombo-Soße

1 kg Rindfleisch (Hüfte oder Filet), gewürfelt

250 g getrockneter Fisch (Dieser Fisch dient in der afrikanischen Küche oft der Geschmacksverstärkung. Vorsichtig salzen, da der Fisch oft sehr salzig ist!)

500 g Okraschoten

4 kleine Auberginen, möglichst afrikanische (diese sind bitterer als die europäischen)

1 Fleischtomate, abgezogen und gewürfelt

Fleischbrühe zum Ablöschen

4 EL Palmöl

2 große Zwiebeln, geschnitten

Thymian

Rosmarin

2 – 3 Knoblauchzehen, gehackt

Paprikapulver

Gemüsebrühe

Salz, Pfeffer

Die Auberginen halbieren, mit Knoblauch, Thymian und Rosmarin belegen, zusammendrücken und im vorgeheizten Backofen 35 Minuten bei 150 Grad backen.

In einer Pfanne eine gehackte Zwiebel leicht anschwitzen. Die abgekühlten Auberginen auskratzen und mit einem Teil der Kräutermischung und der angedünsteten Zwiebel in einem Mixer pürieren.

Fleisch anbraten und im heißen Backofen bei 140 Grad rosa braten. Dann den klein geschnittenen Fisch mit einer gehackten Zwiebel in Palmöl anbraten, mit etwas Fleischbrühe und Tomatenwürfeln ablöschen und auf kleiner Flamme schmoren.

Die Okraschoten putzen und in Öl abbraten. Das Auberginenpüree auf einer Platte anrichten, mit gebratenen Okraschoten garnieren, das Fleisch darauflegen und mit der Soße übergießen.

Poulet Kedjendou

1 Huhn

10 Tomaten

4 Auberginen

8 Schalotten

6 grüne Chilischoten

Erdnussöl zum Anbraten

Fleischbrühe

Salz, afrikanischer Pfeffer

Das Huhn in Stücke zerteilen und in heißem Öl kurz anbraten. Nun die Temperatur reduzieren und gut zehn Minuten schmoren lassen. Immer wieder umdrehen, damit das Fleisch rundum Farbe annimmt. Herausnehmen und warm stellen. Anschließend kommen die gewürfelten Auberginen, Schalotten und Tomaten in das heiße Bratöl, ebenso die in Ringe geschnittenen Chilischoten. Mit Salz und afrikanischem Pfeffer, am besten frisch gestoßen oder gemahlen, würzen. Etwas Brühe aufgießen, die Hühnerstücke wieder einlegen und etwa 30 Minuten auf kleiner Flamme köcheln lassen.

ÄTHIOPIEN

Lee und Freh

„In Äthiopien", erzählt die 19-jährige Lee, die mit vollem Namen Leyon George Gudeta heißt, „isst niemand alleine. Keiner käme auf die Idee, nur für sich zu kochen. Die Nachbarinnen laden sich reihum ein."

Wein wird in Äthiopien seit jeher im Hochland angebaut und auch gerne getrunken, nicht bei den Muslimen, aber bei den orthodoxen Christen, die die zweitgrößte Bevölkerungsgruppe stellen. Lee kocht ganz selbstverständlich mit Wein, trinkt aber selbst höchstens mal einen Schluck.

Sie ist zusammen mit ihrer Freundin Frehiwot Addis Desalegn, genannt Freh, nach Deutschland gekommen. Sie waren beide fast noch Kinder, als sie mit 14 und 17 Jahren ihre Heimat zum ersten Mal verließen, um mit dem äthiopischen Nationalzirkus im Ausland auf Tournee zu gehen. Beide haben Zirkusschulen besucht, auf denen die besten Talente fürs Ausland gesucht werden. Eine Karriere als Artist und Artistin oder Fußballer gelten in Äthiopien als größte Chance im Ausland Geld zu verdienen.

Seit 2001 leben die Mädchen ganz im Ausland, zurück nach Äthiopien können sie nicht mehr. Seit fünf Jahren haben sie ihre Eltern nicht gesehen, weil diese auch nicht zu ihnen reisen dürfen. Äthiopier bekommen nur schwer Visa erteilt. Kürzlich wollten sie sich mit ihren Eltern in Israel treffen. Wegen der unsicheren politischen Lage wurde das Treffen erst einmal verschoben. Kontakt halten sie per Telefon und das kostet viel Geld!

„Sicher ist es hart, so lange ohne unsere Familien zu sein", erzählt Freh, „aber wenn einer die Chance bekommt, im Ausland Geld zu verdienen, dann muss er gehen." Sie und ihre Freundin sind auch stolz darauf, dass sie mit ihrer Arbeit die Familien zu Hause unterstützen können. In ihrer Heimatstadt Addis Abeba würden alle Leute wissen, dass sie in André Hellers wunderbarem Zirkus „Afrika!Afrika!" auftreten dürfen.

Den Brauch, wann immer es geht mit Freunden zu essen, haben Lee und Freh auch mit in den afrikanischen Zirkus gebracht. Abends nach der Vorstellung finden sich im Hotel immer ein paar Freunde, die gemeinsam kochen. Und in jeder neuen Stadt haben die beiden Mädchen schnell heraus, wo es ein gutes äthiopisches Lokal gibt, in dem die typischen großen Teigfladen Injera und die vielen, leckeren Soßen serviert werden. Sie wurden dabei oft vom früheren Artisten-Betreuer Gezaw begleitet, der viel mehr als die Mädchen über die Bräuche ihrer gemeinsamen Heimat weiß. Zum Beispiel die Sache mit dem Huhn und der Braut:

Vor der Ehe muss eine Frau in Äthiopien traditionell ein Hühnergericht für den künftigen Ehemann und seine Eltern zubereiten. „Macht sie einen Fehler, dann muss die Hochzeit abgesagt werden", erzählt Gezaw. Das Huhn muss nach festen Regeln in zwölf Teile zerlegt werden und darf kein Fitzelchen Feder mehr aufweisen. Teilen sich Frau und Mann den Hühnermagen, dann ist das ein Zeichen größter Zuneigung.

Doro Wat

1 großes Huhn, möglichst nicht

aus Käfighaltung

1 große Zitrone

6 Tassen rote Zwiebeln, gewürfelt

1 Tasse rote Paprikaschote, gewürfelt

2 Tassen Niter Kibbeh (gewürzte Butter,

siehe nächstes Rezept)

1/4 TL Kardamom

1/4 TL schwarzer Pfeffer, frisch gemahlen

1/4 TL Geißfuß, auch als Gartenunkraut

Giersch bekannt, ersatzweise glatte

Petersilie

1/4 TL Knoblauchpulver

1/4 TL frischer Ingwer, gerieben

Salz nach Geschmack

1 – 2 Tassen Rotwein

4 Tassen Wasser, je nach Geschmack

kann man auch mehr Wein als Wasser

verwenden

6 hart gekochte Eier

Die Haut vom Huhn einritzen und abziehen, dann gut mit kaltem Wasser abspülen, mit Zitronensaft beträufeln und in Stücke teilen. In einer Pfanne die Zwiebelstücke mit etwas gewürzter Butter anschwitzen, bis sie goldbraun sind. Dann die Paprikawürfel zugeben und bei kleiner Flamme dünsten. Mit Wein und Wasser ablöschen und die Gewürze einmengen. Nun die Hühnerstücke hinzufügen und 30 bis 40 Minuten leicht köcheln lassen. Wenn das Fleisch beginnt, sich von den Knochen zu lösen, mit Salz und Pfeffer würzen und auf einer Platte anrichten. Mit den gepellten, ganzen Eiern dekorieren und heiß servieren.

Injera

Riesenpfannkuchen

Äthiopisches Essen wird traditionell auf einer Art Riesenpfannkuchen serviert, genannt *Injera*. Darauf werden die verschiedenen Fleisch- und Gemüsesoßen angerichtet, oft dekoriert mit Hüttenkäse. Gäste bekommen dann weitere Injera-Pfannkuchen gereicht, von denen man sich Stücke abreißt, um damit die Soßen aufzunehmen. Alles muss mit der rechten Hand geschehen, da die linke als unrein gilt und es unhöflich wäre, sich dieser Hand zu bedienen.

500 g Hirsemehl

500 g Maismehl

500 g Weizenmehl

1/2 Päckchen Hefe

Salz

Die Mehlsorten einen Abend vorher mit der Hefe und dem warmen Wasser zu einem dicken Teig verarbeiten, abdecken und bei Zimmertemperatur über Nacht gehen lassen. Den gegangenen Teig unter kräftigem Rühren mit lauwarmem Wasser verdünnen (etwa wie ein Crêpe-Teig). Eine große beschichtete Pfanne ohne Fett erhitzen und nur so viel Teig einfüllen, dass ein dünner Pfannkuchen entsteht; den Deckel sofort schließen. Nach einer knappen Minute den Deckel öffnen. Wenn sich der Teig anhebt und sich kleine Bläschen gebildet haben, ist der Pfannkuchen fertig und kann auf einem sauberen Tuch abkühlen. Die Pfannkuchen halten sich im Kühlschrank zwei bis drei Tage und werden kalt mit den heißen Soßen serviert.

Niter Kibbeh
äthiopische Gewürzbutter

1 kg Butter

10 EL Zwiebeln, ganz fein geschnitten

3 EL Knoblauch, ganz fein gehackt

4 EL frischer Ingwer, gerieben

1 TL Kurkuma

10 bis 12 Kardamomkapseln, gemahlen

3 – 4 Stück Zimtrinde, gemahlen

6 Nelken, gemahlen

1/2 TL Muskatnuss, gemahlen

1/2 TL Bockshornkleesamen, gemahlen

Die Butter bei kleiner Hitze schmelzen und einmal aufkochen lassen, bis sich auf der Oberfläche weißer Schaum gebildet hat. Den Schaum abschöpfen und wegschütten. Dann kommen alle Zutaten in den Topf und werden bei kleiner Flamme 45 bis 60 Minuten gekocht. Wichtig: ständig umrühren! Danach wird alles durch ein feines Sieb oder ein grobes Leinentuch gegossen. Das Fett in einem Glas mit Schraubverschluss kühl aufbewahren. Diese Butter hält monatelang und ist ein unverzichtbarer Bestandteil der äthiopischen Küche.

Ehrengästen, erzählt Gezaw, wird besonders alter Niter Kibbeh vorgesetzt, die Butter schmecke dann sehr intensiv und sei nichts für die meisten Mitteleuropäer.

T'ire Siga

rohes Rindfleisch mit Wein

500 g Rinderfilet

3 – 4 TL rote Paprikaschote, klein gewürfelt

scharfe Chilipaste, nach Belieben

1/2 Tasse kräftiger Rotwein, z. B. ein intensiver Shiraz von „Golden Kaan"

Das Rinderfilet in feine Streifen oder sehr kleine Würfel schneiden, mit Paprika, Wein und Chilipaste vermengen und etwa eine Stunde marinieren. Mit Brot servieren.

Briz

Honigwasser

1/2 Tasse Honig

6 Tassen Mineralwasser

Honig und Wasser in ein hohes, verschließbares Gefäß geben und kräftig schütteln, bis der Honig völlig aufgelöst ist. Bei Raumtemperatur zwei Tage stehen lassen. Gut gekühlt genießen.

Süßkartoffel-Carpaccio
mit Thunfisch-Tatar

2 gekochte Süßkartoffeln

250 g Thunfisch (Sushi-Qualität)

1/2 Bund Koriander

1/2 Bund Frühlingszwiebeln

1 EL Limonensaft

Meersalz, Pfeffer

Olivenöl

100 ml Orangensaft

2 EL Orangen-Essig

2 Zweige Estragon

4 Teller mit Olivenöl bestreichen und mit Meersalz und Pfeffer bestreuen. Gekochte Süßkartoffeln schälen, in hauchdünne Scheiben schneiden und auf den Tellern anrichten.
Orangensaft einkochen, auf die Hälfte reduzieren, mit 2 Esslöffel Olivenöl und Essig aufschlagen und über die Kartoffelscheiben träufeln.
Thunfisch in feine Würfel, Frühlingszwiebeln in feine Ringe schneiden, mit gehacktem Koriander, Salz und Pfeffer abschmecken, zuletzt den Limonensaft zugeben. Die Masse entweder mit Metallringen oder Souffléförmchen formen und auf die Kartoffelscheiben setzen, mit Estragon garnieren.

Äthiopische Kaffee-Zeremonie

Kaffeetrinken, was viele für etwas typisch Deutsches halten, ist in Äthiopien ein Stück Lebensqualität mit einer langen Tradition. Im Hochland des ostafrikanischen Landes wird seit jeher guter Kaffee angebaut, dessen Bohnen dort grün und nicht geröstet in den Handel kommen.

Das Rösten macht jede Familie für sich, und die Dauer des Röstens entscheidet über den Geschmack, je länger desto herber. Bei der traditionellen äthiopischen Kaffee-Zeremonie werden die grünen Bohnen in einem kleinen Topf mit extrem langem Griff über dem offenen Feuer geröstet. Dabei werden sie immer wieder hin und her gerüttelt, damit sie von allen Seiten gleichmäßig braun werden.

Danach geht die Rösterin mit dem Topf von Gast zu Gast und lässt ihn den frischen Kaffeeduft riechen. Anschließend werden die Bohnen gemahlen und mit Wasser in einer Metallkanne auf dem Feuer zum Kochen gebracht. Oft wird der Kaffee dabei auch „gewürzt", etwa mit gestoßenen Kardamomkapseln. In den würzigen Kaffee-Duft mischt sich auch der Geruch von Weihrauch, der in einer kleinen Schale glimmt und bei der Zeremonie nicht fehlen darf.

Nach dem Aufkochen wird der Kaffee in kleinen Tässchen serviert, Zucker nimmt sich jeder nach Geschmack. Traditionell wird dazu frisch zubereitetes Popcorn serviert.

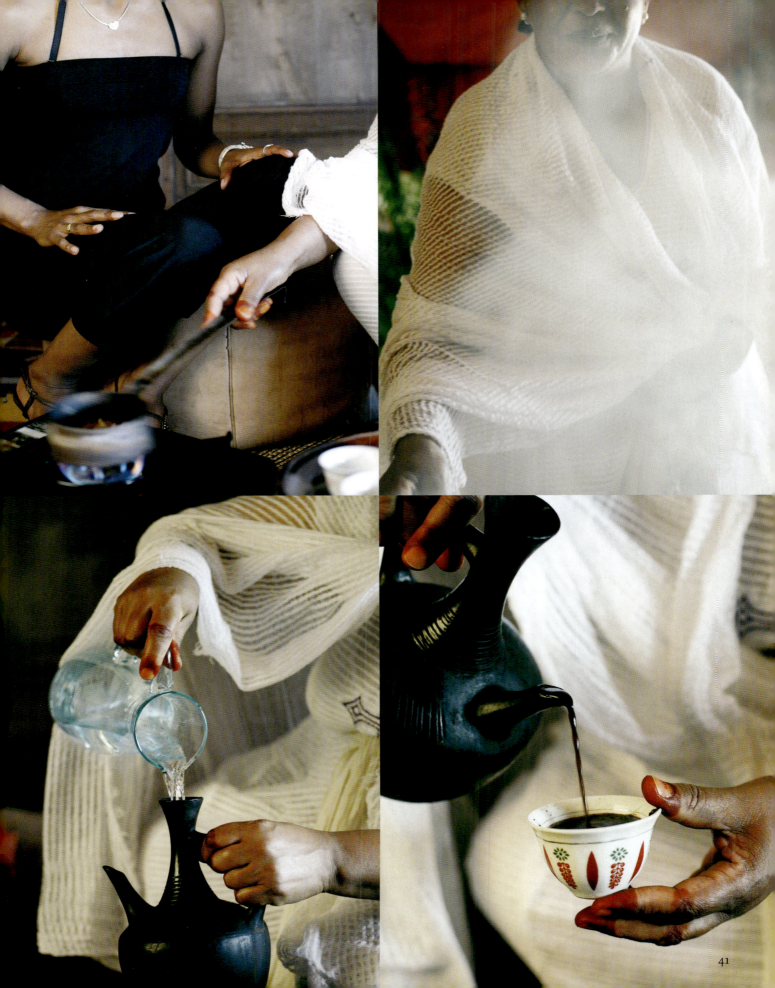

KONGO

Huit Huit

Huit Huit, der seinen schlanken Körper so einzigartig verbiegen kann, kam als Makaya Dimbelolo in Angola zur Welt. Seine Familie musste vor einem der vielen Kriege fliehen und ging ins Nachbarland, in die Republik Kongo.

Dort in der Hauptstadt Brazzaville sah Huit Huit zum ersten Mal Artisten – im Fernsehen. Und fortan stand für den Sohn eines Universitätsdirektors fest: „Ich will auf die Bühne." Für eine Zirkusschule reichte das Geld nicht, und der junge Mann machte den Fehler, sich für den falschen Präsidentschaftskandidaten einzusetzen.

Das war 1991, danach begann eine lange Flucht, zuerst nach Rio, dann nach Französisch Guyana. Er schlief im Freien und suchte auf der Straße nach kleinen Münzen, um sich ab und zu ein Stück Brot und eine Dose Ölsardinen kaufen zu können. Artist wollte er immer noch werden. Er übte dort, wo er lebte: auf der Straße. Dort bekam er auch sein erstes Engagement. Ein Lehrer hatte ihn beobachtet und fragte, ob Huit Huit bei einem Schulfest auftreten wolle.

4500 alte Franc, umgerechnet 300 Euro, hat er damals dafür bekommen, unvorstellbar viel Geld für einen 21-Jährigen, der bis dahin von verlorenem Kleingeld gelebt hatte. Schulen im ganzen Land luden ihn nach und nach zum Tanzen ein. Das Geld reichte für ein Ticket nach Paris, wo ein entfernter Cousin von ihm lebte.

Pariser Schulen machten keine Feste und schon gar keine mit afrikanischen Tänzern wie Huit Huit. Aber er entdeckte etwas Neues: das Straßentheater. „Da waren Menschen, die auf der Straße nur ein bisschen Show machten und viel Geld kassierten", erinnert er sich. Und bald war auch er ein Straßenkünstler. Einer der Besten natürlich. Er trat beim Festival in Cannes auf, kam auf „geheimen" Wegen nach London. Geheim, weil er keine gültigen Papiere und schon gar keine Aufenthaltsgenehmigung hatte.

Irgendwann bekam er ganz legale Papiere, heiratete eine Engländerin und wurde für eine Show in der Schweiz verpflichtet. Dort spürten ihn im vergangenen Sommer die Talentsucher von André Heller auf. „Ich hielt überhaupt nichts von der Idee, in einem Zirkus aufzutreten", erzählt er heute. „Ich wollte frei sein. Mein Geld konnte ich auch auf der Straße verdienen und hatte dabei keinen Zwang, jeden Tag zur gleichen Zeit das Gleiche zu tun."

Was André Heller anpackt, wird zu Gold, hatten ihm Freunde erzählt. Aber dieser Weiße mit den grauen Haaren und der sanften Stimme war ihm so fremd. Es gab viele Gespräche und das Vertrauen wuchs.

Am Ende siegte die Hoffnung, an etwas ganz Neuem mitzuarbeiten. Ein Afrika, mit Menschen aus dem ganzen Kontinent, die sich Zuhause vielfach noch bekriegen, aber hier auf der Bühne der Welt das Beste von sich und ihrer Heimat zeigen. Ein Afrika, von dem Afrikaner wie Huit Huit träumen …

Kongolesisches Räucherhuhn

1 geräuchertes Huhn, ersatzweise ein so
genanntes Kassler-Hähnchen

1 – 2 Auberginen

1 – 2 Stangen Porree

2 Knoblauchzehen

3 EL Tomatenmark

4 EL Erdnussbutter

2 EL Erdnüsse

500 ml Gemüsebrühe

Salz, Pfeffer

Das Huhn in Stücke teilen. Das geschnittene Gemüse in einer großen Pfanne so anbraten, dass es knackig bleibt. Dann das Tomatenmark einrühren und mit der Gemüsebrühe aufgießen. Die Hühnerstücke einlegen und 10 Minuten mitschmoren lassen. Die Erdnussbutter hinzufügen und weitere 15 Minuten bei kleiner Hitze garen lassen. Nun die ganzen Erdnüsse dazugeben, mit Salz und Pfeffer würzen. Dazu Reis servieren.

ÄGYPTEN

Ehab

Für den ägyptischen Schwert-Jongleur Ehab Wasfy und seinen Partner Mohamed El Nouby ist Essen in fremden Ländern ein guter Weg, die jeweilige Kultur kennen zu lernen. Und von jedem Tournee-Ort bringt er seiner Frau ein neues Rezept mit. Zuletzt war es ein Spieß, auf den Fleisch, Paprika-stücke und Zwiebeln gesteckt wurden, mit einer scharfen Soße. Nach einigem Nach-denken fällt ihm sogar noch der Name da-für ein: Schaschlik.

Deutschland gefällt dem Mann aus Kairo, weil hier sogar die Straßen sauber sind und der Verkehr nicht ständig zusammenbricht, wie bei ihm Zuhause. Ein bisschen deutsch hat Ehab auch schon gelernt und begrüßt mich jedes Mal strahlend mit einem größe-ren Wortschatz.

Zuhause ist er am Traum-Ziel vieler Ägyptenreisender: Seine Wohnung liegt in der Pyramidenstraße mit Blick auf die Cheops-Pyramide. Dort lebt er mit seiner Frau, den beiden Töchtern und einem

kleinen Sohn. Jeden Tag telefoniert er mit seiner Familie und fliegt so oft es geht in den Tourneepausen zu ihnen.

Von seiner Frau hat er das Kochen gelernt. „Die ägyptischen Männer sind normalerweise nicht so emanzipiert, dass sie selber kochen", erzählt Ehab und schmunzelt. Aber er will nicht auf die geliebten heimischen Spezialitäten ver-zichten, wenn er wochenlang auf Tournee ist. Und so ist er bei seiner Frau in die Schule gegangen.

Darum konnte Ehab jetzt auch im Zirkus Küchendirektor Alex Ehrgott ein ganz spezielles Rezept seiner Heimat beibringen, die Malochea-Suppe (Foto).

Malochea-Suppe

800 ml Gemüsebrühe

200 g frische Malochea-Blätter,
ersatzweise frischer Spinat

3 Knoblauchzehen, in feine Scheiben
geschnitten

Öl zum Frittieren

Cayennepfeffer

Salz

Die Malochea-Blätter in der Küchenmaschine pürieren oder mit einem Wiegemesser fein hacken. In die heiße (nicht kochende!) Brühe geben, mit Salz und Pfeffer abschmecken und kurz erhitzen.
In einer Friteuse oder hohen Pfanne die Knoblauchscheiben frittieren und zusammen mit etwas Öl in die Suppe geben. Sofort servieren.

Diese Suppe gibt es in ganz Ägypten und den Nachbarländern. Die hier angebotenen Malochea-Blätter werden meistens aus dem Libanon importiert. Die Suppe gilt als Aphrodisiakum.

Humus-Erbsen-Dip

2 kleine Dosen Kichererbsen

1/3 Tasse frischer Zitronensaft

1/2 Tasse Sesamöl

3 Knoblauchzehen

frische Minze oder Petersilie, je nach
Geschmack

Salz zum Abschmecken

2 TL Olivenöl

Die Erbsen abtropfen lassen, dabei eine Vierteltasse der Flüssigkeit auffangen. Beides zusammen mit dem Zitronensaft pürieren, bis eine homogene Masse entsteht. Nun Sesamöl, geriebenen Knoblauch und Minze unterheben, mit Salz würzen und gut kühlen. Vor dem Servieren das Olivenöl darübergießen. Dazu passt Fladenbrot.

Dattelröllchen mit Orangensalat

8 Blätter Yufka-Teig (gibt es in guten
Supermärkten oder beim türkischen
Lebensmittelhändler)

500 g getrocknete Datteln

250 g abgezogene Walnüsse,
fein gehackt

130 g Zucker

1 EL Butter

1 – 2 TL Zimt

4 – 6 Gewürznelken

2 Sternanise

100 ml Orangensaft

1 TL Vanillezucker

1 Zimtstange

1 Zitrone

1 Eigelb

4 Orangen

Die entkernten und klein geschnittenen Datteln mit
80 g Zucker, Zimt, Zimtstange, Gewürznelken und
dem Saft der Zitrone ca. 5 Minuten kochen.
Die Zimtstange und die Nelken entfernen und die
fein gehackten Walnüsse einmengen, die Masse
abkühlen lassen.
2 Yufka-Blätter aufeinanderlegen und mit zerlassener Butter bestreichen. Ein Viertel der Dattelmasse
daraufsetzen. Zu einer festen Rolle drehen, die
Enden mit Eigelb bestreichen und verschließen.
Insgesamt vier Rollen drehen, mit zerlassener Butter
bestreichen und mit Zucker bestreuen, dann im vorgeheizten Backofen bei ca. 180 Grad etwa 8 bis 10
Minuten backen.

Die Orangen filetieren. Aus 50 g Zucker, 100 ml
Orangensaft, 2 Sternanisen, 1 TL Vanillezucker und
2 bis 3 Nelken einen Sirup kochen und eindicken
lassen. Die Orangenfilets etwa 30 Minuten darin
marinieren. Mit den schräg aufgeschnittenen Dattel-
röllchen servieren.

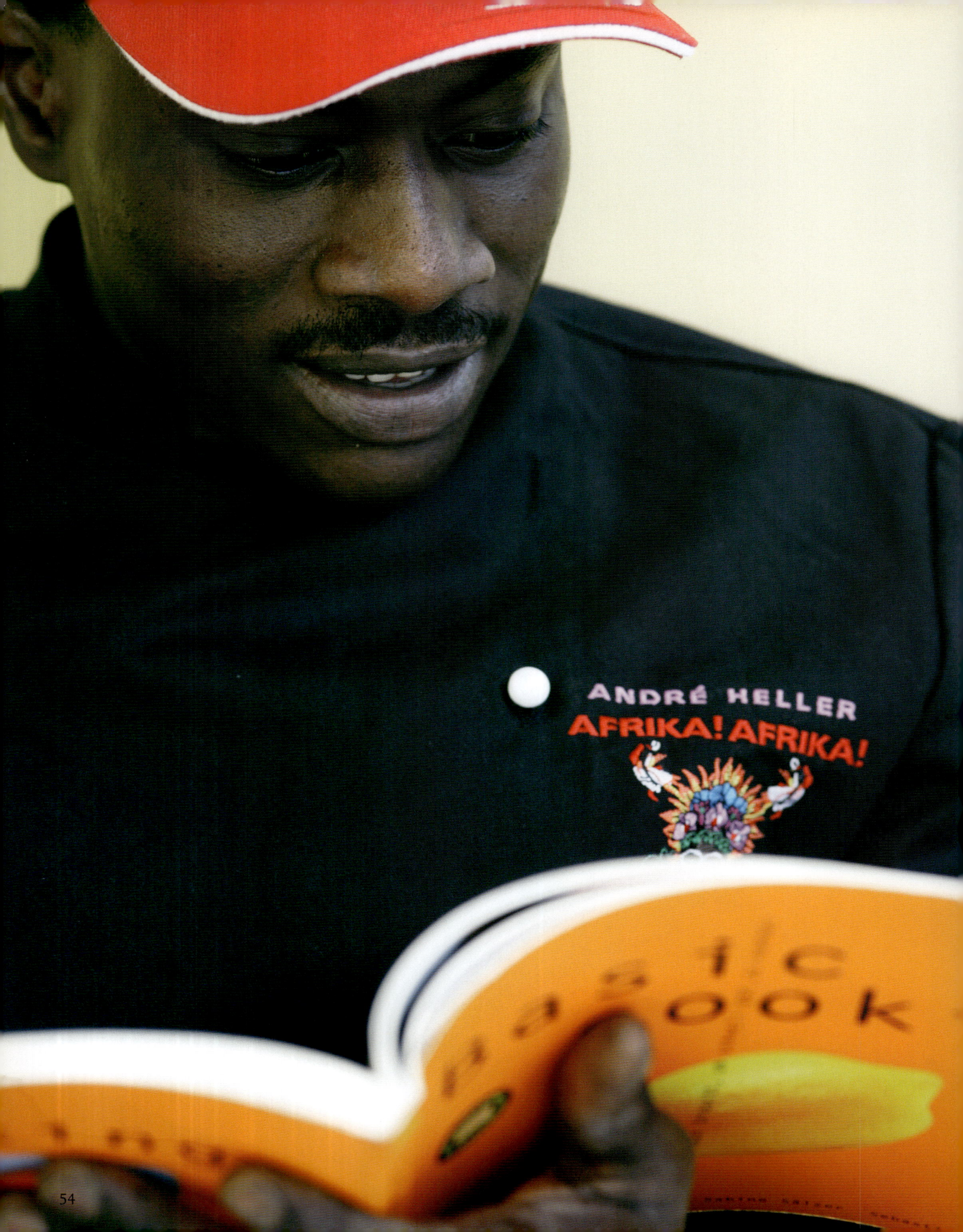
ANDRÉ HELLER
AFRIKA! AFRIKA!

MARTINIQUE IRGENDWO AUS AFRIKA

Jean-Claude

Wenn der Strapaten-Künstler Jean-Claude Belmat durch die Zirkuskuppel fliegt, verzaubert er das Publikum mit seiner unglaublichen Körperbeherrschung und Kraft. Weniger gerne gibt der Mann aus Martinique, dessen afrikanische Vorfahren als Sklaven auf die Zuckerrohr-Plantagen der Karibikinsel verschleppt worden waren, seine Kochrezepte preis.

Nach Wochen bekamen Küchendirektor Alex Ehrgott und ich ein erstes rätselhaftes Rezept, irgendein großer Mehl-Kloß im Wasserbad mit Kohl und Fleisch. Das einzig Nachvollziehbare war die Getränke-Empfehlung: ein Glas Champagner. Nach weiteren Wochen des Wartens und freundlichen Versicherungen ein neues Rezept seiner Frau sei bereits auf dem Weg, besorgten wir uns eine Flasche Champagner und führten ein Küchengespräch mit unserem fliegenden Mann.

Heraus kam ein echt creolisches Rezept mit Shrimps und Reis – und Champagner passt natürlich auch dazu.

Shrimps creole

8 große Garnelen, gesäubert, mit
Schale halbiert

80 g rote Kidney-Bohnen, gewässert

160 g weißer Reis

80 g weißer, fetter Speck

2 Knoblauchzehen, gehackt

1 TL Ingwer, frisch gerieben

2 rote Chilischoten, fein geschnitten

1 Zwiebel, in Scheiben geschnitten

1/2 TL Kurkuma

Gemüsebrühe

1 Bund glatte Petersilie, fein gehackt

Saft von 1 Zitrone

Pflanzenöl

Kresse zum Dekorieren

Den in Würfel geschnittenen Speck in etwas Öl ausbraten. Anschließend Zwiebel und Knoblauch hinzufügen und glasig dünsten. Die Bohnen, den gewaschenen Reis und die Kurkuma zugeben, kurz anschwitzen und knapp bedeckt mit Gemüsebrühe garen lassen.

Gut zwei Stunden vor dem Braten die Garnelen in eine Marinade aus Öl, Knoblauch, Chili, Ingwer und Petersilie legen. Dann je nach Größe zwei bis fünf Minuten in neutralem Öl braten. Vor dem Servieren mit Zitronensaft beträufeln und die fein geschnittenen, roten Chilischoten mit der frischen Petersilie zu dem fertigen Reis geben. Die Garnelen darauf anrichten und mit Kresse dekorieren.

GAMBIA

Tata Dindin

„In Gambia kochen eigentlich nur die Frau-
en", sagt Tata Dindin, der im Zirkus ganz in
Weiß gekleidet auf seiner Kora spielt und
dazu mit betörender Stimme singt. Dass er
trotzdem kochen kann, hat damit zu tun,
dass er als Kleinster von sieben Geschwis-
tern viel mit seiner Mutter zusammen war
und ihr beim Kochen zugeschaut hat –
außerdem hilft es ihm auf Tourneen. Er hat
bis heute nicht vergessen, wie seine Mutter
einmal schallend laut lachte, als er sie fragte, wann denn mal der Vater kochen würde.

Schon sein Vater und dessen Vater haben
aus Kalebassen, großen Flaschenkürbissen
mit fester Außenhaut, Musikinstrumente
gebaut. Die Bespannung aus Kuhhaut stellt
Tata immer noch auf traditionelle Weise
her: Das Fell wird mit einem Gerbmittel aus
dem Harz des Suro-Baums bestrichen und
zwei Tage lang eingegraben.

Wenn sich Tata zu Hause bei seiner Frau
und den drei Kindern aufhält, legt er Wert
auf die traditionelle Essensweise: Die Männer essen zusammen aus einer Schale, die
Frauen ebenso; auch die Kinder essen, wenn
sie etwas älter sind, nach Geschlechtern
getrennt.

Domoda

800 g Rindfleisch (Filet oder Bug)

2 mittelgroße Zwiebeln, in Ringe geschnitten

2 Knoblauchzehen, gehackt

2 EL ungesalzene Erdnussbutter

1 EL Tomatenmark

3 große Kartoffeln

3 mittelgroße Tomaten

2 mittelgroße Karotten

1/4 Weißkohl

Fleisch- oder Gemüsebrühe

frisch gestoßener schwarzer Pfeffer

Salz

Das in Würfel geschnittene Rindfleisch mit Brühe zum Kochen bringen (so dass das Fleisch gerade bedeckt ist), nach 20 Minuten den Schaum abschöpfen. Nun angebratene Zwiebelringe, Knoblauch, Pfeffer und Erdnussbutter hinzufügen. Bei Bedarf noch Brühe zugießen. Nach weiteren 20 Minuten wird mit Tomatenmark und Salz gewürzt, dazu kommen gewürfelte Kartoffeln, gehäutete, entkernte und gewürfelte Tomaten, in Scheiben geschnittene Karotten und mundgerechte Kohlstücke. Nach weiteren 20 Minuten ist das Gericht fertig. Vor dem Servieren eventuell noch etwas Erdnussbutter einrühren.

Das Gemüse für diese Speise kann man je nach Saison und Laune natürlich variieren.

Dazu wird Maisbrei – Fufu – serviert.

Für die Zubereitung von Fufu nimmt man 1 bis 2 Tassen feines Maismehl, dazu 3 bis 4 Tassen Wasser. Die Zutaten werden gut gemischt und auf kleiner Flamme zum Kochen gebracht. Nach Belieben mit Salz würzen. Etwa 10 Minuten köcheln lassen. Falls die Masse zu fest wird, etwas Wasser zugeben. Ganz wichtig ist das ständige, gleichmäßige Rühren.

Fufu-Mehl gibt es in den meisten europäischen Afrika-Shops, und zwar in drei verschiedenen Farben, weiß, gelb sowie erstaunlicherweise auch ein leicht blaues. In manchen Gegenden Afrikas wird der Fufu auch aus geriebenen Maniokknollen hergestellt. Verbreitet ist auch die Fermentierung des Teiges, der dann ein bis zwei Tage vor dem Kochen zubereitet wird.

Yassa

1 Huhn, ca. 1,2 kg

1 Gemüsezwiebel

1 Knoblauchzehe, gehackt

2 Karotten

2 große Kartoffeln

2 große Tomaten

1 – 2 scharfe Chilischoten

Erdnussöl zum Anbraten

Senf

Zitronensaft

Gemüsebrühe

Salz, Pfeffer

Das Huhn zerlegen und in Erdnussöl kräftig anbraten. Sobald es halb gegart ist, herausnehmen und auf einer Platte beiseite stellen. In dem heißen Öl werden anschließend die in Ringe geschnittene Gemüsezwiebel, gehackter Knoblauch, in mundgerechte Stücke geschnittene Karotten und Kartoffeln kräftig angebraten. Mit gewürfelten Tomaten und ein bis zwei Tassen Brühe wird alles abgelöscht, danach die Hühnerstücke wieder in den Topf geben. Mit Senf, Zitrone, scharfen Chilis und schwarzem Pfeffer würzen und so lange dünsten, bis sich das Fleisch leicht von den Knochen löst.

Dazu gibt es Couscous oder Reis, wenn es schnell gehen muss auch Fladenbrot.

Benachin – Alles in einem Topf

2 Doraden à 500 g

4 mittelgroße Zwiebeln, geschnitten

3 mittelgroße Karotten, geschnitten

1/4 Weißkohl, in Streifen geschnitten

1 – 2 Chilischoten, fein geschnitten

1 – 2 EL Tomatenmark

etwas Trockenfisch als Würze

Petersilie, grob gehackt

etwas frischer Ingwer, gerieben

Limonenblätter

neutrales Öl

Gemüsebrühe

Salz, Pfeffer

Die Doraden häuten, von Gräten befreien und in mundgerechte Stücke zerteilen, frittieren und beiseite stellen. Anschließend die Zwiebeln und das geschnittene Gemüse kräftig anbraten, mit Tomatenmark, Gemüsebrühe, zerriebenem Trockenfisch, Pfeffer, Ingwer, Limonenblättern und Chili abschmecken. Wenn das Gemüse fast gar ist, den Fisch erneut einlegen und nochmals kurz erhitzen. Vorsichtig salzen, da der Trockenfisch sehr salzig ist. Zum Schluss die gehackte Petersilie darüberstreuen.

Orangen-Milch

1/2 l Sauermilch

100 ml Orangensaft

2 EL Zitronensaft

60 g Zucker

Pfefferminzwasser oder einige frische Pfefferminzblätter

Die Sauermilch wird mit Zitronen- und Orangensaft, Pfefferminzwasser (dazu werden viele Blätter in wenig Wasser zerstoßen) und Zucker vermischt.

SENEGAL

Khady und Mingue

Bei der Tänzerin Khady Gueye erlebte ich zum ersten Mal die sprichwörtliche afrikanische Gastfreundschaft. „Komm mit ins Hotel, ich koche für uns", sagte Khady, die gerade eine anstrengende Show hinter sich hatte. Sie lud mich in ihr Hamburger Hotelzimmer zum Essen ein, wo sie und ihr Mann Samba während der Tournee untergebracht waren. Sie kochte für mich ein köstliches „Thiéboudienne" und verriet mir ihr Familienrezept für dieses traditionelle senegalesische Gericht, das übersetzt „Reis mit Fisch" heißt.

Das war im Frühjahr 2006 und ich hatte gerade mit den Arbeiten für dieses Kochbuch begonnen. Niemand von uns konnte damals ahnen, dass sich im August des Jahres eine maßlose Tragödie mit den beiden Tänzern aus dem Senegal abspielen würde, an deren Ende Khady, die schöne und so liebenswürdige Gastgeberin auf grausame Weise ums Leben kam und die Polizei als Hauptverdächtigen ihren Mann Samba verhaftete. Im April waren sie noch

glücklich, jedenfalls schien es so. Khady klappte eine Schranktüre auf, hinter der sich eine winzige Kochnische mit zwei Herdplatten, Kühlschrank und Spüle verbarg, und begann sofort, Fleisch und Gemüse zu schnippeln. Sie sprach von ihrer kleinen zweieinhalbjährigen Tochter Oume, die von der Großmutter aufgezogen wird – und die sie sehr vermisste. Mit dem Geld, das die beiden damals im Zirkus verdienten, wollten sie sich in ihrer Heimat ein schönes Haus am Meer kaufen.

Für Khady war es nicht der erste Aufenthalt im Ausland, sie war schon mehrfach mit dem senegalesischen Staatsballett auf Tournee gewesen. Sie zählte auf: „Japan, Frankreich, Holland, Deutschland" und ein Land, das ihr als besonders kalt in Erinnerung geblieben ist: „Schweden".

Ein deutsches Wort kannte sie schon lange, bevor sie nach Deutschland gekommen war: „lecker". In der Sprache ihrer senegalesischen Heimat steht es für essen.

Das Rezept „Mafé de boeuf" stammt von Khadys bester Freundin Mingue Diagne Sonko (großes Foto). Sie haben nicht nur miteinander getanzt, sondern auch oft zusammen gekocht, und nach dem unfassbaren Tod ihrer Freundin begleitete Mingue Khadys Leichnam in die Heimat. Ein letzter Freundschaftsdienst.

Bei der Vorbereitung dieses Buches haben wir überlegt, das Kapitel über Khady wegzulassen. Das hätte ihr, die sich so viel Mühe mit ihren Rezepten gegeben hat, sicher nicht gefallen. So wie ihre tragische Geschichte zum Zirkus gehört, so gehören auch ihre Rezepte in dieses Buch.

Thiéboudienne –

Reis mit Fisch

700 g Filet vom Viktoriabarsch

1 kleine Zucchini

4 junge Karotten

1 kleine Aubergine

150 g Okraschoten

250 g Kirschtomaten

1/2 Dose Tomatenwürfel

80 g Stockfisch und / oder Trassi-Würze

Erdnussöl zum Anbraten

schwarzer Pfeffer, frisch gestoßen

Meersalz

160 g wilder Basmatireis

Den Viktoriabarsch in mundgerechte Stücke zerteilen und in Erdnussöl anbraten. Nach 3 bis 4 Minuten den leicht gebräunten Fisch herausnehmen und warm stellen. Im verbliebenen Öl das in ebenfalls mundgerechte Stücke geschnittene Gemüse andünsten. Gewürzt wird mit etwas getrocknetem Fisch, den es in Afrika-Shops auch in Österreich und Deutschland gibt. Ersatzweise kann man auch einen Teelöffel „Trassi" nehmen, eine Garnelenpaste, die es ebenfalls hier zu kaufen gibt. Erst danach nach Geschmack salzen, da der getrocknete Fisch und / oder die Garnelenpaste bereits salzig sind. Eine halbe Dose Tomatenwürfel in den Topf geben. Auf kleiner Flamme köcheln. Wenn alles gut durchgezogen ist, den Fisch nochmals kurz in den Topf legen. Vor dem Servieren Reis (Tschep) auf einer großen Platte anrichten und die Soße darüber verteilen.

Tschou –
Soße, die mit Rind oder Lamm zubereitet werden kann

600 g Lamm- oder Rinderfilet

200 g kleine Schalotten

3 mittlere Karotten

1/2 kleine Dose Tomatenstücke

2 Paprikaschoten

1 scharfe Chilischote, fein geschnitten

4 große Kartoffeln, in Würfel geschnitten

1 EL Essig

rotes Palmöl

Salz und Pfeffer

Das Fleisch in kleine Würfel schneiden und in rotem Palmöl anbraten, dazu kommen die gewürfelten Schalotten, die geschnittenen Karotten und die in Würfel geschnittenen Paprikaschoten. Alles kurz anbraten und mit der halben Dose Tomaten ablöschen. Schmoren lassen und mit grob gestoßenem Pfeffer, Chili, ein wenig Salz und Essig würzen. Sobald das Fleisch fast weich ist, die Kartoffelstücke beigeben und fertig garen.
Auf einer großen Platte Reis anrichten und die Soße darüber verteilen.

N'djar

2 Becher Sauermilch

3 Blätter Gelatine

Mark einer Vanilleschote, ausgekratzt, ersatzweise 1 TL Vanillezucker

Zimt

1 weiche Banane, zerdrückt

1 festere Banane, in Scheiben geschnitten zur Dekoration

80 g Zucker

Sauermilch mit der weichen Banane, Zucker, Zimt und Vanillemark pürieren.
Die Gelatine auflösen und unterrühren, in Schälchen füllen und kühl stellen. Vor dem Servieren mit Bananenscheiben garnieren.

Mafé de boeuf

Das Rezept stammt von Khadys Freundin
Mingue Diagne Sonko, Tänzerin aus dem
Senegal mit langen schwarzen Locken
und eine der wenigen, die der strenge
Choreograph Georges nicht auf Diät
gesetzt hat.

500 g Rindfleisch aus dem Bug
(Schulter), gewürfelt
2 mittelgroße Zwiebeln, in Ringe
geschnitten
1 rote Paprikaschote, in Streifen
geschnitten
2 große Kartoffeln, in Würfel
geschnitten
1 Knoblauchzehe, gehackt
1 Dose Tomatenstücke
3 EL Erdnussbutter
1 EL Erdnüsse, frisch geröstet
Erdnussöl zum Anbraten
Gemüsebrühe
Salz und Pfeffer

Rindfleisch in Erdnussöl anbraten, die Zwiebelringe
und den Knoblauch dazugeben. Sobald das Fleisch
Farbe annimmt, mit etwas Gemüsebrühe und einer
Dose Tomatenstücke ablöschen. Gewürfelte Kartoffeln und in Streifen geschnittene Paprika beimengen;
kurz bevor das Fleisch gar ist, Erdnussbutter einrühren und einmal aufkochen lassen.
Dazu wird Reis serviert.

Harvest Harrison von „King Charles"

Der afrikanische Zirkus wurde für einige seiner Stars zur ersten Begegnung mit ihren eigenen afrikanischen Wurzeln. „Meine Vorfahren wurden vor hunderten von Jahren von Sklavenhändlern aus Afrika verschleppt", erzählt Harvest (Harvey) Harrison, der in der New Yorker Bronx geboren wurde.

Bisher hat sich der hochgewachsene Chief der „King Charles"-Truppe immer als Amerikaner empfunden: „Ich war noch nie in Afrika, bin mit Wolkenkratzern groß geworden und ehrlich: Ich habe Angst vor wilden Tieren."

Er ertappt sich immer wieder dabei, wie er seine afrikanischen Kollegen mustert: „Der hat einen ähnlichen Knochenbau wie ich. Könnte ich aus seinem Land kommen, vielleicht zu seinem Stamm gehören?" Dass man ihm und seinen Vorfahren irgendwann einmal zur Zeit der Sklaven-Transporte die Wurzeln zur afrikanischen Heimat gekappt hat, schmerzt Harvey wirklich: „Jeder will doch irgendeinmal wissen, wo seine Ursprünge liegen."

„King Charles" ist eine ziemlich exzentrische Truppe von Basketballspielern und Einradfahrern. „Seilchenspringen" mit mehreren Seilen und dazu gleichzeitig auf dem Einrad hüpfen ist ihre Spezialität. Alles Profis, deren Karriere irgendwann einmal in der Bronx begonnen hat. Zu den Gründern von „King Charles" vor nunmehr fast 40 Jahren in der Bronx gehörten die Mütter, Väter, Tanten und Onkel der heutigen Akteure. Harvest, den alle Harvey nennen, ist einer der Veteranen und seit 37 Jahren dabei. Heute sind sie Stars im Showgewerbe, leben schon lange nicht mehr in

der Bronx, sondern haben Häuser in Miami oder Las Vegas. Und eben auch in Deutschland und Österreich, wenn sie mit dem Zirkus auf Tournee sind.

Ihr Erfolg ist das Ergebnis harter Arbeit. Jeden Tag von acht bis elf Uhr trainiert die Truppe, egal wie spät es am Abend zuvor geworden ist. Und sie sind für afrikanische Verhältnisse geradezu überpünktlich. Als ich mich einmal für eine Kochbuch-Besprechung um drei Minuten verspätet habe, gab's prompt einen vorwurfsvollen Anruf: „Eh, wir warten! Time is money, babe!"

Als die Profis aus Amerika im Dezember 2005 zum ersten Mal auf ihre afrikanischen Kollegen stießen, war das „ein Kulturschock für beide Seiten", erzählt Harvey. „Wir waren die Scheiß-Yankees für die anderen, die Kapitalisten-Schweine mit 200-Dollar-Turnschuhen an den Füßen."

Die Afrikaner, die schon Stunden vor der Aufführung hinter der Bühne tanzten und sangen, kamen ihm und seinen Buddies ziemlich exotisch vor: „Wir verstanden deren Sprache nicht. Sollte das Englisch sein?"

Andere Sprachen verstanden sie erst recht nicht. „Am Anfang dachte ich immer, einige streiten sich und holen gleich ihre Speere raus. Inzwischen weiß ich, im südafrikanischen Königreich Kwa Zulu wird so gesprochen. Früher hätte ich nicht mal gewusst, dass es so ein Land überhaupt gibt."

Mittlerweile überlegt sich der Großstadtmensch Harvey allen Ernstes, demnächst einen Urlaub in Afrika zu verbringen: „Ich bin echt neugierig geworden."

Curry Chicken à la Harvey

2 Brathühner, ca. 1 bis 1,2 kg

3 EL Öl

Curry

Salz und Pfeffer nach Geschmack

1/2 Flasche südafrikanischen Weißwein

Backofen auf 180 Grad vorheizen. Pro Person ein halbes Huhn einplanen: Dieses in drei bis vier Teile zerlegen, mit Salz, Pfeffer und Curry würzen, je mehr desto besser. Dann in neutralem Öl anbraten, bis das Fleisch eine schöne Farbe bekommt. Mit reichlich Weißwein aufgießen und bei 180 Grad im Backofen knusprig braten (ca. 30 Minuten). Dazu gibt es Brot oder Rotie-Fladen und Mango-Chutney.

Mango-Chutney

1 große, nicht zu reife Mango

2 Schalotten

40 g frischer Ingwer

1 große rote Chilischote

2 Limonenblätter

100 ml Mangosaft

80 ml Passionsfruchtsaft

etwas Maisstärke

etwas Erdnussöl

Mango schälen und in Würfel schneiden. Ingwer und Schalotten schälen und in ganz feine Scheiben schneiden, beides in etwas Erdnussöl anschwitzen. Mango- und Passionsfruchtsaft dazugeben und auf die Hälfte einkochen. Feine Streifen der Chilischote einrühren und mit den Mangowürfeln und Limonenblättern 5 Minuten kochen lassen. Nun mit der Maisstärke leicht binden und abkühlen lassen. Mit Frischhaltefolie bedecken (damit sich keine Haut bildet), kühl stellen und vor dem Servieren die Limonenblätter entfernen.

Sweet Potatoe Pie

à la Annabell (Mutter von Harvey)

2 – 3 große Süßkartoffeln

2 – 3 Eier

1 Tasse Butter

1 1/2 Tassen Milch

Zucker

Muskatnuss

Mark einer Vanilleschote, ausgekratzt,

ersatzweise 1 TL Vanillezucker

Puderzucker zum Bestäuben

Süßkartoffeln schälen und kochen. Wenn sie weich sind, mit einem groben Stampfer zerdrücken, mit Butter, Zucker, Vanillemark, Muskatnuss vermischen. Eier dazu und mit lauwarmer Milch angießen, bis es einen nicht zu flüssigen Teig ergibt. Die Masse in eine gut gebutterte Backform füllen und eine halbe Stunde im vorgeheizten Backofen bei 180 Grad backen, bis sie hellbraun ist. Gut abkühlen lassen und mit Puderzucker bestäuben. Dieser Pie lässt sich nicht stürzen, sondern wird mit einem großen Löffel aus der Form genommen. Oder aber man verwendet kleine Portionsschälchen.

Dazu schmeckt gut eine

Soße aus Physalis-Früchten

250 g Physalis-Früchte, auch als

Lampionfrüchte bekannt

50 g Zucker

100 ml Orangensaft

1 EL Limonensaft

1 kleine Zimtstange

1 Sternanis

etwas Stärke zum Binden der Soße

Ein paar Physalis für die Dekoration beiseite legen, die restlichen Früchte von ihrer papierenen Außenhaut befreien, waschen und vierteln. Den Zucker in einer Pfanne karamellisieren lassen, mit dem Saft ablöschen und die Gewürze einrühren. Die Früchte kurz aufkochen lassen und mit der Stärke binden.

Leonardos Lasagne «ghettostyle»

400 g Spaghetti

500 g Hackfleisch vom Rind, je nach
Geschmack roh oder leich angebraten

300 g Tomatensoße mit Chili

1/2 Knoblauchzehe

Salz, Pfeffer

1 Tüte geriebenen Pizza-Käse

etwas Olivenöl

Spaghetti in reichlich Salzwasser al dente kochen. Eine Auflaufform mit einer halben Knoblauchzehe einreiben, mit Öl auspinseln und eine Schicht gekochte Spaghetti hineinlegen. Rinderhackfleisch, für Leonardo „Hamburgermeat", auf den Nudeln verteilen, reichlich mit Chili gewürzte Tomatensoße, bei Geschmack auch noch Salz und Pfeffer, und eine Schicht geriebenen Käse darübergeben. Zwei weitere Lagen ebenso einschichten. Zum Schluss die Masse mit viel Käse bestreuen und ab in den Backofen. Bei 180 Grad goldbraun backen.

Rotie à la Leonardo

gefüllte Pfannkuchen

350 g Weizenmehl

1 TL Salz

2 Eier

3 EL Pflanzenöl

Wasser für den Teig

50 g warme Butter

Öl zum Anbraten

Aus Weizenmehl, Eiern, Butter und Wasser einen sehr dickflüssigen Teig herstellen und in einer großen, gut gefetteten Pfanne Pfannkuchen backen, die Leonardo auch schon mal auf Vorrat herstellt. Sie werden warm oder kalt mit Fleisch- oder Gemüsesoße gefüllt, zusammengerollt und je nach Geschicklichkeit mit den Händen gegessen.

Planter's Punch

1–2 cl Grenadine

1 cl Zitronensaft

3 cl Ananassaft

3 cl Orangensaft

3 cl Grapefruitsaft

4 cl brauner Rum

einige Eiswürfel

Die Zutaten in einem Shaker mit Eiswürfeln mischen, gut schütteln und in gekühlte Gläser gießen. Schmeckt harmlos ...

MAROKKO

Abdellah, M'Hamed, Ameur

Die drei Männer mit ihren bunten Trachten gehören zu der Gruppe der Gnawa, einer ethnischen Minderheit in Marokko. Sie sind Nachfahren von Sklaven, die aus Schwarzafrika, häufig aus dem Sudan, in den Norden des Kontinents verschleppt worden waren.

Die Gnawa sind bekannt für ihre Musik, die zu den religiösen Ritualen des Sufismus, einer mystischen Auslegung des Islam, gehört. Bei nächtlichen Zeremonien tanzen sie sich in Trance.

Da die drei Musiker, Abdellah El Bahi, M'Hamed Nibaji und Ameur Yasine, oft weit weg von Zuhause auftreten und auf ihre heimischen Genüsse nicht verzichten wollen, können sie inzwischen gut kochen. Etwas, das in ihrer Heimat sonst eher Frauensache ist.

In der Zirkus-Küche arbeitet aber auch ein Marokkaner, der ihnen die Leckerbissen der Heimat kocht, und manchmal stehen sie alle zusammen am Herd. So entstanden die köstlichen Honig-Krapfen. Eigentlich hatten sie die Leckerei für sich selbst gebacken, gastfreundlich boten sie uns etwas davon an, und schon hatten wir ein neues Rezept.

Zutaten und spezielle Tontöpfe, die Tagine-Formen, haben sie bisher an allen Tourneeorten gefunden. Tauben für die wunderbare Pastilla sind nicht immer vorrätig, können aber bestellt werden. Uns war ihr Rezept von der Pastilla ein wenig zu süß, denn die Tauben-Torte wird nicht nur vor dem Servieren mit Puderzucker bestäubt, sondern es kommt auch noch Zucker in die Fleischfüllung. Wir haben nur die halbe Zuckermenge verwendet. Wer das Original-Rezept der Gnawa nachkochen will, sollte also die doppelte Menge verarbeiten.

Salat mit süßen Tomaten

1 kg feste, mittelgroße Tomaten

70 g Zucker

250 ml Erdnussöl

100 ml Orangenblütenwasser (aus dem

türkischen Lebensmittelhandel)

5 Zimtstangen

1 g Safranfäden

Salz nach Geschmack

Den Stielansatz der Tomaten herausschneiden, die Tomaten kreuzweise anschneiden, in kochendem Wasser etwa 3 Minuten blanchieren. Herausnehmen, in Eiswasser abkühlen lassen und die Haut abziehen. Die Tomaten halbieren und die Kerne entfernen. Anschließend mit der Außenseite nach unten auf ein gut eingefettetes Backblech legen. Zimtstangen in kleine Stücke brechen, mit Safran und – wenig – Salz auf den Tomatenhälften verteilen. Anschließend großzügig mit Zucker bestreuen und mit dem restlichen Öl und Orangenblütenwasser beträufeln. Im vorgeheizten Backofen ca. 45 Minuten bei 120 Grad backen. Schmeckt warm und kalt.

Tagine mit Seeteufel und Argan-Öl

800 g Koteletts vom Seeteufel

250 g schwarze Oliven

Cremola (Marinade):

2 Knoblauchzehen

2 ungespritzte Zitronen

50 g eingelegte Zitronen

1/2 TL Ingwerpulver

1/2 TL Paprikapulver

2 g Safranfäden

1/2 Bund Koriander

1/2 Bund glatte Petersilie

1/2 TL Kreuzkümmel

5 EL Argan-Öl (Öl vom Arganbaum)

Salz und Pfeffer nach Geschmack

Für die Cremola die Kräuter hacken und die eingelegte Zitrone in kleine Stücke schneiden. Nun alle
Zutaten mit dem Öl zu einer dicken Paste verrühren.
Die Koteletts mindestens 2 Stunden darin marinieren und öfter wenden. Die abgetropften Koteletts in
heißem Öl anbraten, anschließend in eine vorge-
wärmte Tagine-Form aus Ton legen, mit der restlichen Cremola übergießen und auf dem Herd bei
mittlerer Temperatur garen. Kurz vor dem Servieren
die Oliven zugeben.

Falls dieser orientalische Kochtopf nicht zur Hand
ist, kann man auch einen Römertopf oder ein Kera-
mikgeschirr mit Deckel verwenden. Dann wird der
Fisch allerdings im vorgeheizten Backofen bei 160
Grad ca. 15 Minuten geschmort.

Gefüllte Kalamaretti

1 kg Kalamaretti, mittelgroß, etwa 8 bis
10 Zentimeter lang
250 g Reis
1 Bund glatte Petersilie
1 Bund Koriander
3 – 4 Knoblauchzehen
4 Tomaten, abgezogen, entkernt und
gewürfelt
4 – 5 EL Olivenöl
1/4 TL Cayennepfeffer
Salz nach Geschmack
eventuell etwas Gemüsebrühe
Zahnstocher

Die Kalamaretti vom Fischhändler säubern lassen, die Tentakel abschneiden. Die Tentakel in Salzwasser aufkochen und anschließend ca. 5 Minuten bei kleiner Flamme ziehen lassen – nicht kochen, sonst werden die Tentakel zäh!
Gleichzeitig den Reis bissfest kochen. Kräuter und Knoblauch hacken, die Tentakel klein schneiden. Alles in einem Topf mit etwas Olivenöl anbraten, die Mischung kräftig würzen. Die Kalamare zu drei Viertel füllen. Die Öffnung mit einem Zahnstocher verschließen und die Kalamaretti kurz in Öl anbraten. Anschließend herausnehmen und warm stellen. In dem Bratfett die Tomatenwürfel anschwitzen, eventuell mit etwas Gemüsebrühe aufgießen. Die Kalamare in die Soße legen, etwa 10 Minuten im vogeheizten Backofen bei ca. 150 Grad garen lassen.

Tagines rghalmi

1,5 kg Lamm (Schulter oder Brust)

3 große Zwiebeln, geschnitten

3 bis 6 Knoblauchzehen, gehackt

1,5 Handvoll glatte Petersilie, gehackt

1 Handvoll Koriander

1 Prise Ingwer, gemahlen

1 Prise Safran

6 EL Olivenöl

4 Zimtstangen

1 Tasse getrocknete Pflaumen, ca. 150 g

2 EL Zucker

1 Handvoll abgezogene Mandeln

1 Tagine (orientalischer Kochtopf), ersatzweise Römertopf

Lammfleisch in Würfel schneiden, mit Knoblauch, Safran, Zwiebeln, Salz, Pfeffer und 3 Esslöffel Olivenöl vermischen und in die Tagine geben, mit geschlossenem Deckel bei mittlerer Hitze auf dem Herd garen.
Kurz bevor das Fleisch gar ist, die frischen Kräuter untermengen und weitere zehn Minuten garen. Gleichzeitig in einem zweiten Topf Zucker, Zimtstangen, Pflaumen mit etwas Wasser auf kleiner Flamme 10 Minuten köcheln. Die Mandeln ohne Fett in einer Pfanne goldbraun rösten. Vor dem Servieren die Pflaumen (Zimtstangen entfernen) und die Mandeln über das Fleisch streuen.

Das Gericht im Römertopf wird natürlich im Back-ofen geschmort, 20 bis 30 Minuten bei 160 Grad.

Pastilla mit jungen Täubchen

4 junge Tauben

150 g Butter

500 g mittelgroße Zwiebeln

1/2 TL Ingwer, gemahlen

1 g Safranfäden

1/2 Bund Koriander

1 Bund glatte Petersilie

1 EL Zimt, gemahlen

1 Zimtstange

50 g Zucker

6 Eier

500 g Yufka-Teigblätter (aus dem türkischen Lebensmittelhandel)

250 g Mandeln, geschält

1 EL Orangenblütenwasser

Salz und Pfeffer nach Geschmack

Puderzucker und Mandelblättchen zur Garnierung

Die geviertelten Tauben in 50 g Butter anschwitzen, die fein geschnittenen Zwiebeln, Ingwer, Zimt, Safranfäden, Salz und Pfeffer zugeben und kurz mitandünsten. Ca. 500 ml Wasser aufgießen und etwa 40 Minuten lang bei kleiner Flamme köcheln lassen. Anschließend kommen gehackte Kräuter, Zimtstange, Zucker und das Orangenblütenwasser dazu. Weitere 10 bis 15 Minuten köcheln und dann die Taubenteile herausnehmen, abkühlen und entbeinen.

In der Zwischenzeit die Soße aufkochen und auf die Hälfte einreduzieren.

Vier Eier verquirlen und in die abgekühlte Soße einrühren. Die Mandeln ohne Fett in einer beschichteten Pfanne rösten. Eine runde Backform gut mit Butter einfetten und mit einem Yufka-Blatt auslegen, vier weitere Teigblätter mit Butter bestreichen und überlappend in die Form legen. Das klein geschnittene Taubenfleisch mit der Soße und den Mandeln vermischen und auf den Teig geben, mit etwas Zucker bestreuen. Die Pastilla mit zwei weiteren Teigblättern bedecken und die überlappenden Teigblätter darüberlegen. Mit zwei verquirlten Eigelben bestreichen und ein letztes Teigblatt auf die Masse legen, leicht andrücken.

Im vorgeheizten Backofen auf mittlerer Schiene 20 Minuten bei 180 Grad backen, vor dem Servieren mit flüssiger Butter beträufeln und mit Puderzucker bestäuben.

Millefeuille
mit Yufka-Blättern und Honigfrüchten

22 große Erdbeeren

2 Scheiben frische Ananas

2 Pfirsiche

1 süßer Apfel

2 Kiwis

4 Blätter Yufka-Teig

4 Blatt Gelatine

2 EL Orangenblütenwasser

6 EL Honig

4 Walnüsse

100 g Zucker

2 Eiweiß

500 ml Milch

2 – 3 Zimtstangen

8 Minzeblätter

Öl zum Frittieren

Die Yufka-Teigblätter übereinander legen, in sechs gleich große Dreiecke schneiden und in heißem Öl frittieren, auf Küchenpapier abtropfen lassen. Honig mit 6 EL Wasser anrühren, dazu das Orangenblütenwasser und die eingeweichte Gelatine geben, in einem Topf erhitzen, bis ein glatter Sirup entsteht. Die Früchte in Scheiben schneiden, dabei zwei Drittel der Erdbeeren für die Soße und zur Dekoration aufheben. Zerkleinerte Früchte seperat in den Sirup geben (da jedes Blatt einer Obstsorte belegt wird) und kühl stellen.

Je ein frittiertes Blatt auf einen Teller legen, darauf die erste Schicht Sirup-Früchte anrichten, mit einem weiteren Teigblatt belegen und weitere Früchte aufschichten. Ein drittes, viertes und fünftes Teigblatt auflegen. Zwei Drittel der restlichen Erdbeeren zu einer Soße pürieren. Milch mit einer Prise Zucker und Zimtstangen erhitzen (nicht kochen!). Das Eiweiß mit dem Zucker zu Schnee schlagen, davon mit einem großen Löffel „Wölkchen" abstechen und in der Milch pochieren. Die Oberfläche der sechsten Schicht der Millefeuille mit dem Eiweiß-Wölkchen belegen und mit Erdbeerscheiben, gehackten Walnüssen und Minze garnieren. Mit Erdbeersoße überziehen und servieren.

Frischer Hibiskustee

100 g getrocknete Hibiskusblüten

200 g Zucker

1/2 Bund frische Minze

2 Vanilleschoten, Mark ausgekratzt

2 Liter Wasser mit Hibiskusblüten, Zucker und Vanillemark in einen Topf geben und etwa 20 Minuten köcheln lassen, abkühlen und die Minzeblättchen beimengen. Nach 2 Stunden den Tee durch ein feines Sieb gießen und bis zum Servieren gut kühlen.

GHANA

Waterman

Dickson Oppong ist für alle nur der „Water-man". Der ansteckend fröhliche Artist kommt aus Kumasi, der alten Königsstadt des Ashanti-Reiches in Ghana. Er pflegt eine Familientradition, die er von seinem Vater gelernt hat und die inzwischen auch schon seine 18-jährige Tochter beherrscht: die Wasserexzentrik.

Vor jedem Auftritt trinkt Waterman fünf Liter Wasser und sprüht damit in der Show zwischen gekonnter Jonglage mit unzähligen Schüsseln hohe Wasserfontänen. Kein Trick mit versteckten Wassertanks und verborgenen Schläuchen, wie viele Zuschauer angesichts der großen Wassermengen vermuten. Waterman bedient sich einer besonderen geheimen Technik, die es ihm ermöglicht, so viel Wasser zu speichern und auf Wunsch wieder von sich zu sprühen.

Das bedeutet aber auch, dass er sechs Stunden vor jedem Auftritt keine Nahrung zu sich nehmen kann und erst nach der Show zum Essen kommt. Dann genießt er die deftigen Spezialitäten seiner Heimat, zum Beispiel Fufu, Bällchen aus gekochten, zerstampften Maniokwurzeln oder Maismehl, zu denen kräftige Soßen serviert werden.

Emuuto

500 g gekochter Reis, lauwarm

1 rote Chilischote, in feine Streifen
geschnitten

etwas Koriander

300 g Erdnüsse, gemahlen

3 EL Erdnussbutter

2 – 3 Pimentkörner, gestoßen

etwas Zitronensaft

etwas Pflanzenöl

Salz

Den lauwarmen Reis pürieren und mit Chilistreifen,
Salz und Pfeffer und den Korianderblättchen ver-
mengen und zu kleinen Klößen formen. Diese
werden in einer Soße aus gemahlenen Erdnüssen,
Erdnusspaste, warmem Wasser, etwas Zitronensaft,
Öl und gestoßenen Pimentkörnern serviert.

Die etwas gehaltvollere Variante: Die Klößchen werden in gehackten Erdnüssen gewälzt und in heißem
Fett frittiert. Diese Zubereitung isst Waterman besonders gerne!

Enuhuru

800 g Rindfleisch (Hüfte oder Schulter)

1 rote und 1 grüne Paprikaschote,
gewürfelt

2 mittelgroße Zwiebeln, geschnitten

500 g Yamswurzel

rotes Palmöl zum Anbraten

Salz

langer Pfeffer, ersatzweise normaler
schwarzer Pfeffer

Fleischbrühe zum Ablöschen

In einem Topf wird das klein geschnittene Fleisch in
rotem Palmöl angebraten, hinzu kommen Paprika,
Zwiebeln und Pfeffer. Das Ganze wird mit Fleischbrühe abgelöscht und geschmort. Kurz bevor das
Fleisch weich ist, werden die geschälten und in Würfel geschnittenen Yamswurzeln dazugegeben. Erst
am Schluss, wenn die Yamsstücke schön weich sind,
wird mit Salz und langem Pfeffer gewürzt.

KWA ZULU

Shaluzamax

Themba Maxwell Mntambo ist zusammen mit Sängerin Futhi die Stimme des afrikanischen Zirkus. Bei jeder Vorstellung singen sie, unterstützt von einem 13-Mann-Orchester, dessen Leiter der einzige Weiße im Zirkus ist: William Ramsey aus Südafrika.

Für den sanften Max, wie ihn alle nennen, dessen lange Rastalocken einen interessanten Kontrast zu der Intellektuellen-Brille bilden, war die Musik schon früh der Weg aus dem Township von Durban, wo viele davon träumen, Karriere zu machen und dem Elend zu entfliehen.

Geboren wurde Max in einem der uralten Königreiche Südafrikas, Kwa Zulu, das im Norden von Zululand liegt. Seine Familie zog nach Durban, weil es dort einfacher war, Arbeit zu finden. Mit 14 Jahren sang Max im Schulchor und in einer Gospelgruppe, er gewann viele Wettbewerbe und bekam sein erstes Engagement im Musical „Serafina".

Als ihn ein Agent für Hellers Zirkus engagieren wollte, war Max, der sich auf der Bühne Shaluzamax nennt, gar nicht begeistert und wollte eigentlich absagen. „Bei Zirkus dachte ich an die armen Tiere, die gehören für mich in den Busch." Dass die Hellerschen Tiere aus Stoff sind, hat ihn beruhigt, und sein Arbeitsplatz ist für ihn inzwischen der beste der Welt. Ab und zu besucht ihn seine Frau Nonfil für ein paar Wochen. In den Tourneepausen, wenn der Zirkus zu einem neuen Standort weiterzieht, fliegt Max immer nach Hause zu ihr und den beiden Töchtern.

Das Kochen hat sich Max von seiner Großmutter Ndthane (was „viel" bedeutet) abgeguckt. Während in der westafrikanischen Küche sehr stark gewürzt wird, ist die traditionelle Küche in Kwa Zulu weniger scharf. Gekocht wird oft auf einem dreibeinigen Pot, der ganz einfach ins Feuer gestellt wird und Imbiza oder im Burischen Potjekos heißt. Die Töpfe sind aus Gusseisen und höllisch schwer, doch Max schwört darauf: „Der Geschmack wird viel besser als mit normalen Töpfen."

Ingxubevange — „Alles in einem Topf" wird ebenfalls im dreibeinigen Eisentopf gekocht.

1 Kalbshaxe, ca. 2 kg

100 g Schwarzaugenbohnen, eingeweicht

100 g weiße Bohnen, eingeweicht

100 g grüne Linsen, eingeweicht

1 mittelgroße Zwiebel, gewürfelt

1 Knoblauchzehe, gehackt

1 grüne Chilischote, in Scheiben geschnitten

2 rote Paprikaschoten, würfelig geschnitten

Fleischbrühe

1 bis 2 Zweige Rosmarin

Salz, Pfeffer

Die ganze Kalbshaxe langsam bei kleiner Hitze in leichter Fleischbrühe kochen. Sobald das Fleisch weich ist, kommen Bohnen, Linsen, Knoblauch und Zwiebelwürfel dazu. Zehn Minuten vor dem Servieren Paprika, Rosmarinnadeln und Chili einmengen. In der kalten Jahreszeit wird das Gericht als Suppe gegessen, im Sommer werden zum Schluss noch Süßkartoffeln mitgekocht.

Lamb Stew im Eisentopf

1 kg Lammrippchen

1 große Zwiebel, gehackt

2 Tomaten, abgezogen, gewürfelt und
entkernt

3 Tassen getrocknete Saubohnen

1 rote Chilischote

1 Knoblauchzehe, gehackt

Gemüsebrühe

Salz, Pfeffer

1/4 Tasse Pflanzenöl

Gusseisentopf, oder anderer großer Topf
mit Deckel

Öl im Eisentopf erhitzen und die gehackte Zwiebel
anbraten. Lammrippchen dazugeben, kurz anbraten,
mit Gemüsebrühe ablöschen und zum Kochen bringen. Gewürfelte Tomaten und Saubohnen untermi-
schen. Den Deckel schließen und das Ganze 40 bis
50 Minuten kochen lassen. Vor dem Servieren mit
Salz, Pfeffer und Chili abschmecken. Dazu wird
Brot gereicht.

Imifino – scharfer Spinat

1 kg frischer Spinat

2 Knoblauchzehen, gehackt

2 kleine Zwiebeln, gewürfelt

2 Chilischoten, fein gewürfelt

3 Tomaten, abgezogen und gewürfelt

Öl

1 Prise Muskatnuss

Salz

Zwiebel anbraten, dann den Knoblauch beigeben.
Nun den Spinat, kleingewürfelte Tomaten und
scharfen Chili einmengen. Mit Salz und Muskatnuss
abschmecken.

Mfulamfula – „River, River"-Bier

2 EL Zucker

1 EL Ingwer, gemahlen

1 Päckchen Bierhefe

2 TL Weinstein (aus der Drogerie)

1 Orange, unbehandelt oder geschält, in
Scheiben geschnitten

1/2 Ananas, in Scheiben geschnitten

In einem hohen Gefäß 2 Liter Wasser aufkochen,
Zucker und Ingwer zugeben. Auf ca. 30 Grad abkühlen lassen, dann Weinstein und Bierhefe einmengen. Über Nacht mit einem Tuch abgedeckt stehen
lassen, am nächsten Tag durch ein Leinentuch pas-
sieren. Orangen- und Ananasscheiben zugeben und
gut kühlen.

TANSANIA UND KENIA

Mary und Mariam

„Mama Afrika" heißt eigentlich Mary Romuald Materego. Sie jongliert zusammen mit ihrer kenianischen Kollegin Mariam Juma Msemakweli Tische und große, bunte Töpfe, wobei die beiden Frauen auf dem Rücken liegen und mit den Füßen die schweren Stücke scheinbar mühelos durch die Luft wirbeln.

Gelernt haben sie das in Zirkusschulen, die eine in Tansania, die andere in Kenia. In *Afrika! Afrika!* sind sie Freundinnen geworden, die nicht nur miteinander trainieren und auftreten, sondern auch zusammen wohnen und natürlich auch kochen. Sie gehören zu den modernen afrikanischen Frauen, die mit ihrer Arbeit in der Fremde die Großfamilie im Heimatland ernähren.

Zuhause in Daresalam kümmert sich Marys Ehemann, ein Theaterregisseur, um die vier Kinder, von denen nur noch die beiden Jüngsten, 10 und 16 Jahre alt, beim Vater leben. Mit ihren Tourneen – „Mama Afrika" war schon einmal in Deutschland und zuvor in England – finanziert sie die Schulbesuche und das Studium der Kinder.

Der „Reis Pilaw" ist ein altes Familien-Rezept von Mariam, wobei sie darauf Wert legt, dass sie das Gericht im Gegensatz zu vielen anderen Frauen ganz ohne Öl zubereitet, das sei bekömmlicher und auch besser für die Figur. Die Artistinnen müssen aufpassen, dass sie nicht dick werden.

Dabei entsprechen mollige Frauen durchaus dem afrikanischen Schönheitsideal. „Unsere Frauen hier sind alle so fürchterlich mager", klagt etwa ihr Kollege „Waterman" und zeichnet mit den Händen sehnsuchtsvoll üppige Kurven in die Luft, die den Choreografen Georges ins Verzweifeln stürzen würden.

Reis Pilaw – Reissalat

2 Tassen Reis, gekocht

2 Tassen rohes Gemüse (wie Tomaten,

Paprika, Zwiebeln etc.)

Chilischoten

Zitronensaft

frischer Ingwer, gerieben

Salz, Pfeffer

Der gekochte und mit kaltem Wasser abgekühlte Reis wird mit viel rohem Gemüse gemischt. Je nach Jahreszeit kommen in Mariams klein geschnittene Tomaten, Paprika, Ingwer, Knoblauch, Zwiebeln, auch Kohl und natürlich Chilischoten. Gewürzt wird mit viel Zitronensaft, Salz und Pfeffer.

Ugali mit Bamia
(Okra-Schoten) und Fleisch

Ugali ist ein Alltagsessen in Tansania, erzählt Mary. Ein Maisbrei, der in anderen Teilen Afrikas auch *Fufu* (siehe S. 63) genannt wird. Für die Zubereitung gibt es zwei Möglichkeiten: Das Maismehl wird mit Wasser zum Kochen gebracht und ergibt einen dicken, sättigenden Brei. Oder das Mehl wird einen Tag vorher mit etwas Wasser zum Fermentieren gebracht und erst dann gekocht.

1/2 kg Rind- oder Geflügelfleisch

2 große Fleischtomaten

2 Gemüsezwiebeln

3 Karotten

2 Knoblauchzehen, gepresst

1 grüne Paprikaschote

3 EL Zitronensaft

1 TL frischer Ingwer, gerieben

Curry

Salz

Gemüsebrühe

Gewürfeltes Fleisch mit Zitronensaft, Ingwer, Knoblauch und Salz ca. 1 Stunde marinieren. Nun das Fleisch in so viel Gemüsebrühe weich kochen, dass es gerade bedeckt ist. In einer Pfanne Zwiebelringe in Öl bräunen, dann die klein geschnittenen Tomaten, Karotten und Paprika einmengen, kurz schmoren und zum Fleisch geben. Das Ganze noch einmal kurz aufkochen und heiß servieren.

Okra-Gemüse

500 g Okra-Schoten (Sie müssen
knackig sein; bei überlagerten Früchten
ist der Inhalt oft schleimig und schmeckt
bitter.)
1 bis 2 Tomaten, würfelig geschnitten
1 große Zwiebel, in Ringe geschnitten
1 frische Kokosnuss, ersatzweise
Kokosmilch aus der Dose

Die Okraschoten in zwei Teile schneiden, die Kokosnuss aufschlagen, die Milch auffangen und beiseite
stellen. Die Zwiebelringe in Öl anbraten. Wenn sie
braun sind, die Okra-Schoten und die gewürfelten
Tomaten dazugeben, mit Kokosmilch aufgießen und
kurz aufkochen.

Multifrucht-Drink

2 Tassen Karottensaft
2 Tassen Saft der Passionsfrucht

Säfte vermengen.
Dieses erfrischende Getränk wird im
Sommer gut gekühlt und bei kaltem Wetter
als wärmender Tee getrunken.

SÜDAFRIKA

Lunga

Als Baby machte Lunga ihrer Familie große Sorgen. Das kleine Mädchen schlief mit den Armen unter dem Po, legte die Füße neben den Kopf und konnte den kleinen Körper so verdrehen, wie das noch nie jemand zuvor in ihrer Heimatstadt Johannisburg gesehen hatte. Ärzte konnten nichts Krankhaftes feststellen, nur dass die Kleine ungewöhnlich beweglich war. Mit neun Monaten fing sie an zu laufen, mit zehn Monaten machte sie den ersten Spagat.

Heute ist Lunga 16 Jahre alt und immer noch so beweglich, dass einem nur vom Zusehen schwindlig werden kann. Sie ist die Schlangenfrau, besser gesagt das Schlangenmädchen von *Afrika! Afrika!* Mit neun Jahren ging Lunga zum ersten Mal auf Tournee. Ein amerikanischer Talent-Sucher hatte die Akrobatin in Johannisburg entdeckt und sofort zu einer Show in die Staaten mitgenommen.

2005 entdeckten die Scouts von Hellers Zirkus Lunga bei „Universoul Circus" in Amerika und verpflichteten sie sofort. Mit nach Deutschland kam Tante Nomsa, die Schwester von Lungas Mutter, die im Zirkus von allen nur „Mama Lunga" genannt wird. Was nicht ganz korrekt, aber in Afrika eine ganz normale Anrede ist für jemanden, der sich um einen jungen Menschen kümmert. Die beiden Frauen wohnen zusammen, nur besteht Mama Lunga auf einem eigenen Schlafzimmer. Sie kann sich immer noch nicht daran gewöhnen, dass ihre Nichte mit den Füßen neben dem Kopf schläft.

Ein paar einfache Dinge könnte Lunga schon kochen, verrät ihre „Mama", aber dann gibt sie mir doch lieber ein eigenes Rezept. Ihre Ziehtochter soll so normal wie möglich aufwachsen. Dazu gehört auch ein Lehrer, der sie in der Freizeit unterrichtet, denn Lunga soll auf alle Fälle einen Schulabschluss machen.

Chili Chicken aus dem Wok

500 g Hühnerbeine, vom Knochen
abgetrennt und in Streifen geschnitten

1 große Zwiebel, geschnitten

1/2 rote Paprikaschote, geschnitten

1/2 grüne Paprikaschote, geschnitten

100 g Spargel, in Stücke geschnitten

200 g Austernpilze, in Streifen
geschnitten

200 g junger Spinat, grob gehackt

1 Chilischote, fein gehackt

1 Knoblauchzehe, gehackt

Cajun-Pfeffer

Salz und Oystersauce nach Geschmack

3 TL frische Korianderblätter, gehackt

Erdnussöl zum Anbraten

In einem Wok oder in einer großen Pfanne das Hühnerfleisch scharf anbraten, nach und nach Zwiebel, Knoblauch, Chili, Paprika, Pilze, Spargel und zuletzt Spinat zugeben und dünsten – das Gemüse muss noch Biss haben! Vor dem Servieren mit Oystersauce, Pfeffer und Salz würzen und mit den Korianderblättern bestreuen.

Sommer-Bohnen Salat

250 g Zuckerschoten

250 g Wachsbohnen

250 g Kenia-Bohnen

1 kleine Dose Erbsen, noch besser 400 g

frische Zuckerschoten

1 Dose weiße Bohnen

3 TL Mango-Chutney (siehe S. 79)

1 Bund Frühlingszwiebeln, geputzt und

klein geschnitten

2 mittelgroße Tomaten, in Würfel

geschnitten

2 Stangen Bleichsellerie, geschnitten

3 hart gekochte Eier

Essig, Öl

Erbsen und Bohnen bissfest kochen und in mundgerechte Stücke schneiden. Das Chutney mit etwas Wasser, Öl und Essig verdünnen. Nun Frühlingszwiebeln, Tomaten und den fein geschnittenen Sellerie dazugeben, mit Salz und Pfeffer abschmecken. Mit allen Zutaten vermischen, nur die Eier werden geviertelt als Dekoration verwendet.

Dazu serviert Mama Lunga Rotwein aus Südafrika, den sie für den besten der Welt hält. Der Wein aus Lungas Heimat macht inzwischen international renommierten Anbauländern in Europa mächtig Konkurrenz. Zu günstigen Preisen und einer immer besseren Qualität produzieren gut 400 Weingüter im sonneverwöhnten Südafrika. So etwa auch die viel beachtete Aufsteiger-Marke „Golden Kaan", die in den letzten Jahren viele internationale Auszeichnungen für ihre Weine erringen konnte.

Die Weine für „Golden Kaan" wachsen in den besten Weingegenden Südafrikas. Der neue Premiumbereich, die Reserve Selection mit Cabernet Sauvignon und Shiraz, werden auf ausgewählten Rebflächen in der Region Western Cape angebaut. Die Trauben für den Reserve Selection Sauvignon Blanc wachsen in der kühleren Region von Stellenbosch und Durbanville. Diese Weinbau-Gegenden sind von mediterranem Klima mit einem warmen, trockenen Sommer und viel Regen während der Winterzeit geprägt und bieten damit ideale Bedingungen für den Anbau hochwertiger Qualitätsweine.
Seit dem Ende der Apartheit, Anfang der 90er Jahre, ist der Weinbau am Kap, wo bereits 1655 von Siedlern die ersten Reben gepflanzt wurden, eine Wachstumsindustrie mit über 200 000 Arbeitplätzen geworden. Alleine im Jahr 2005 konnten über 300 Millionen Flaschen Wein aus dieser Region exportiert werden, wo immer öfter auch schwarze Winzer erfolgreich Weingüter betreiben.

Amarula-Eis mit einem Ragout aus Mango und Ananas

500 g Schlagsahne

50 g Zucker

2 Eigelb

5 Blatt Gelatine

250 ml Amarula-Likör

100 g Glukose

Ragout

1/2 Ananas

1 Mango

1/4 l Ananassaft

100 g Zucker

1/2 Stange Zimt

1/2 Vanilleschote

Maisstärke zum Binden

Die Sahne erhitzen. Zucker und Eigelb mischen und unter ständigem Rühren in die Sahne einmengen (es darf nicht kochen, da sonst das Eigelb stockt). Die Mischung soll bei ca. 80 Grad eine dickflüssige Konsistenz annehmen. Vom Herd nehmen, die eingeweichte Gelatine dazugeben, Amarula und Glukose einrühren. Mit einem Mixstab vermengen, abkühlen lassen und in die Eismaschine geben.

Für das Ragout Zucker in einer hohen Pfanne karamellisieren, mit dem Saft ablösen. Vanille- und Zimtstange dazugeben, etwas einreduzieren lassen. Das in kleine Würfel geschnittene Obst zugeben und mit der Maisstärke binden. Vanille- und Zimtstange entfernen. Abkühlen lassen und mit dem Eis servieren.

Mama Lunga hat für dieses Eis-Rezept einen ganz besonderen Likör ausgesucht: Amarula, dessen Grundstoff, die Früchte des wilden Marula-Baumes, nur in Südafrika wächst. Zur Reifezeit im Frühjahr sind die Früchte vor allem bei den Elefanten hoch begehrt, sie rammen die Bäume, damit die Früchte herunterfallen – was mancher Stamm nicht heil übersteht.

Bei einigen südafrikanischen Stämmen gilt der Marula noch immer als „Heirats-Baum". Ihm werden aphrodisische Kräfte nachgesagt und darum finden viele Hochzeiten in seinem Schatten statt.

BROOKLYN UND KAMERUN

Künstlerbetreuer Emily Woods und Serge Njiné

Sie sind eine Mischung aus Löwenbändiger, Animateuren und Elternersatz – die Künstlerbetreuer im afrikanischen Zirkus. Sie organisieren die Proben und passen auf, dass niemand seinen Auftritt verpasst, gehen mit zu Zahnarztterminen und richten Bankkonten ein. Am spielfreien Tag, dem Montag, organisieren sie Ausflüge und vergessen keinen Geburtstag. Sie wohnen mit ihren Schützlingen unter einem Dach und teilen ihr Leben aus dem Koffer.

Aber sie stehen auch mit der Stoppuhr in der Hand hinter der Bühne und notieren alle, die zu spät kommen oder sich vor dem gemeinsamen Schlussbild drücken wollen – Wiederholungstätern droht eine Kürzung der Gage. Da helfen keine noch so blumig vorgetragenen Schmeicheleien und haarsträubende Ausreden. „Gott gab den Europäern die Uhr und den Afrikanern viel Zeit", hängt vielsagend an einer der Bürotüren im Zirkus.

Die schöne Emily hat einen Teil der Artisten mit ausgesucht und nennt sie „meine kids". Die Amerikanerin kam in Harlem zur Welt und legt Wert darauf, dass sie noch als Kind nach Brooklyn gezogen ist, ihre eigentliche Heimat. Als Sängerin und Fotomodell kam sie nach Europa, mit einer Freundin ging sie erst nach Dänemark und später nach Deutschland. Dort hatte sie Erfolg als Frontfrau der „Les Humphries Singers".

Serge kam in Kamerun zur Welt und hat in Hamburg Umweltschutztechnik studiert. Als dort für *Afrika! Afrika!* ein Betreuer gesucht wurde, der mit der deutschen Arbeitsweise vertraut ist, perfekt deutsch und französisch spricht und die afrikanische

Mentalität versteht, griff er zu. „Ohne Serge müssten wir uns Backstage mit Zeichensprache unterhalten", lobt ihn Emily.

Für den Kameruner ist es ganz wichtig, das Leben der Artisten derart zu gestalten, dass sie sich wohl fühlen. „Wenn es ihnen gut geht, sieht man das auch in der Show", davon ist Serge überzeugt. Als begabter Animateur versucht er immer gute Laune zu verbreiten, alles andere schade der Produktion und schließlich sei die perfekte Unterhaltung der Zuschauer das Ziel von allen im afrikanischen Zirkus.

Zum Kochen bleibt ihm keine Zeit, braucht er auch nicht, denn er wird ständig von den Artisten eingeladen. Zuhause in Kamerun haben seine Oma und die Tanten gekocht; „eine zeitraubende Angelegenheit", wie er sich erinnert: „Die kochten eigentlich den ganzen Tag." Und jede hatte eine spezielle Pfeffer-Mischung, in seiner Heimat gäbe es tausende Pfeffersorten. Und niemand, wirklich niemand käme auf die Idee, fertig geriebenen Pfeffer zu kaufen.

Emily dagegen kocht gerne nach Rezepten ihrer Familie. Und zwar gewaltige Kalorienbomben. Ihr Karottenkuchen ist im ganzen Zirkus begehrt und der Vorrat hält sich, wenn sie mal wieder gebacken hat, höchstens ein paar Minuten.

Pfeffer-Suppe

2 frische Makrelen

6 Tassen Gemüsebrühe

je 1 kleine gelbe und rote Paprikaschote,

in Streifen geschnitten

1 kleine Zwiebel, fein gehackt

2 EL Njangsa-Gewürz, ersatzweise

gelben Madrocas-Curry

1/2 TL Chilipfeffer

Öl zum Anbraten

Salz

Die ausgenommenen und filetierten Makrelen in 3 bis 4 Zentimeter dicke Scheiben schneiden und in Öl anbraten. Den Fisch herausnehmen, im Bratensatz Zwiebel und Paprikastreifen anschwitzen, die Gewürze dazugeben und alles mit Brühe ablöschen, 10 Minuten kochen. Die Fischstücke wieder einlegen und bei kleiner Flamme noch mal 10 Minuten köcheln lassen. In tiefen Tellern servieren und mit Pfeffer garnieren.

Puff-Puff-Bällchen

500 g Mehl

1 TL Salz

1/2 Würfel frische Hefe

2 Tassen Wasser

1 EL Speiseöl

Öl zum Frittieren

1 TL Zucker

Mehl, Salz und Zucker mischen. Die Hefe mit etwas warmem Wasser und Zucker auflösen und mit der Mehlmischung zu einem Teig verarbeiten. Zugedeckt etwas gehen lassen. Mit einem Esslöffel oder mit den Händen kleine Bällchen formen und im heißen Frittierfett ausbacken.

Puff-Puff-Bällchen werden in Kamerun heiß und kalt gegessen, als Dessert mit Zucker bestreut oder als Snack mit einer Chili-Pfeffer-Soße serviert.

Chili-Pfeffer-Soße

2 EL eingelegter grüner Pfeffer

1 rote Chilischote

1/2 Zwiebel, fein gehackt

30 g Zucker

1 Prise Salz

Öl

2 Orangen

Maisstärke zum Binden

Die Orangen filetieren und den Saft auffangen. Zwiebel in etwas Öl anschwitzen, die fein geschnittene Chilischote dazugeben, mit Zucker bestreuen und leicht karamellisieren lassen. Mit dem Orangensaft ablöschen und die Pfefferkörner dazugeben. Das Ganze 5 Minuten einkochen, mit der Maisstärke leicht binden und die Orangenfilets in die abgekühlte Soße geben.

Emilys Karotten Kuchen

2 Tassen Mehl

1 1/2 Tassen Zucker

1 TL Backpulver

2 TL Zimt

1/2 TL Salz

3 Eier

1/2 Tasse neutrales Öl

3/4 Tasse Buttermilch

2 TL Vanillezucker

1/4 TL frische Ananas, in Stücke

geschnitten

2 Tassen Karotten, fein gerieben

1/4 Tasse Pistazien, grob gehackt

1 Tasse Mandeln, gehackt

1 Tasse Kokosnuss, gerieben

Mehl, Backpulver, Zucker, Vanillezucker, Salz und Zimt in einer Schüssel vermischen, dann Eier, Buttermilch und Öl dazugeben und zu einem gleichmäßigen Teig verrühren. Die klein geschnittene Ananas, Kokosflocken, Karotten und Nüsse unterheben. In eine gut gefettete Backform geben und für 45 Minuten bei 200 Grad im Backofen backen.

Den abgekühlten Kuchen servieren Kaloriensüchtige noch mit

Emilys Cream Cheese

1 Paket Frischkäse (ca. 250 g)

1 Stück Butter oder Margarine

(ca. 200 g)

350 g Puderzucker

1 TL Vanillezucker

Alle Zutaten mit dem Mixer aufschlagen – nicht zu lange, sonst wird die Creme zu flüssig – und gut gekühlt zum Karottenkuchen servieren.

Bananen-Brot

2 Tassen Mehl

1 Tasse Zucker, wenn möglich grob

1 Ei

2 TL Backpulver

1 TL Zimt

1/2 TL Muskatnuss, gemahlen

200 g Butter

1/2 Tasse Milch

1/2 Tasse Rosinen

3 große, sehr reife Bananen

2 TL Vanillezucker

1 Prise Salz

Butter und Zucker schaumig rühren, das Ei und die zerdrückten Bananen hinzufügen und die Masse gut verrühren. Anschließend Mehl, Backpulver und die anderen Zutaten unterrühren, zuletzt die Rosinen. In eine gut gefettete Form füllen und bei 175 Grad etwa eine Stunde backen.

DAS FEST

„Mit Freunden ein Fest feiern", beschreibt Georges Momboye „gehört für uns in Afrika zum Leben, wie die Musik und der Tanz." Dazu braucht es nicht immer einer großen Einladung. Wer es sich leisten kann, kocht ohnehin immer mehr als nötig. Überraschende Besucher werden selbstverständlich an den Tisch gebeten und gelten in manchen Gegenden Afrikas als wahre Glücksbringer.

Für die Künstler des afrikanischen Zirkus geht der Abend oft nach der Vorstellung gegen 23 Uhr erst richtig los. Dann feiern die 100 Artisten des schwarzen Kontinents, die nicht nur auf der Bühne sinnlich zu leben verstehen, wie es in ihrer Heimat üblich ist: Mit Musik, Tanz und natürlich gutem Essen. Sie kochen sich gegenseitig die besten Speisen aus ihren Ländern, nach Rezepten, die seit Generationen in ihren Familien überliefert werden.

Richtig toll wird so ein Fest, wenn ein Grill aufgebaut wird und ein Lagerfeuer lodert – ein Feuer und Fleisch auf dem Grill gehören eigentlich immer dazu, wenn in Afrika gefeiert wird.

Burenwurst

Südafrika

2 kg Rindfleisch aus dem Bug (Schulter)

750 g entbeinte Schweinerippchen

200 g durchwachsener Speck

1 EL Koriander, gemahlen

1 TL schwarzer Pfeffer, frisch gemahlen

1/3 TL Muskatnuss, frisch gemahlen

35 g Salz

6 EL Kräuteressig

90 g Schweinedärme

Fleisch und Speck in kleine Würfel schneiden, mit den Gewürzen (ohne Essig) vermischen und durch die mittlere Scheibe des Fleischwolfs drehen. Die Masse anschließend gut mit dem Essig vermengen und in die gewässerten Därme füllen.
Vor dem Grillen bzw. anbraten einen Tag kühl stellen.

Fleischpastete

Ghana

300 g Rindfleisch (Hüfte oder Bug)

2 Zwiebeln, gehackt

1 Eigelb

1 Prise Muskatnuss, frisch gerieben

Curry

Salz nach Geschmack

Öl zum Anbraten

Teig:

500 g Mehl

200 g Butter

2 Eier

1 Tasse Milch

Salz, schwarzer Pfeffer nach Geschmack

In einer Pfanne etwas Öl erhitzen und das sehr fein geschnittene Fleisch gut anbraten, die Zwiebeln und Gewürze dazugeben und abschmecken.
Aus Butter, Mehl, Eiern, Milch, Salz und Pfeffer einen festen Teig herstellen, der sich gut ausrollen lässt. Viereckige Teigstücke zuschneiden und je einen Esslöffel der abgekühlten Fleischmasse daraufsetzen. Den Teig so zusammenklappen, dass kleine Taschen entstehen. Nun die Ränder gut zusammendrücken und mit dem Eigelb bestreichen.
Die kleinen Fleischpasteten im vorgeheizten Backofen bei 220 Grad gut 20 Minuten backen.

Chakalaka – Scharfes Gemüse mit würzigen Hühnerschenkeln

Südafrika

4 Hühnerschenkel

2 – 4 Knoblauchzehen

2 Gemüsezwiebeln (sehr große Zwiebeln)

5 Karotten

je 1 grüne, rote und gelbe Paprikaschote

Olivenöl

Curry nach Belieben

weißer und schwarzer Pfeffer

so viele rote Chilischoten (gemahlen), wie man vertragen kann

1 kleine Dose gebackene Bohnen

Salz

Gemüse, bis auf die gebackenen Bohnen, klein schneiden und in heißem Olivenöl kräftig anbraten. Dann die Hitze reduzieren und häufig umrühren, damit nichts anbrennt. Sobald die Karotten weich sind, die gebackenen Bohnen mit etwas Flüssigkeit aus der Dose beimengen und einmal aufkochen.

Hühnerschenkel mit Salz, Pfeffer und gemahlenem Chili einreiben. Anschließend in heißem Fett anbraten und bei kleinerer Flamme ca. 15 bis 20 Minuten garen.
Statt das Huhn mit Chili einzureiben, kann man auch eine fertige Hot-Chili-Sauce dazu reichen.

Buschmannstopf

Namibia

6 EL Öl

1/4 Weißkohl (ca. 350 g)

2 kleine Zwiebeln

1/2 Gurke

4 – 5 Tomaten

1 rote und 1 grüne Paprikaschote

5 mittelgroße Kartoffeln

2 Dosen Kidney-Bohnen

Tabasco

1 TL Salz

1/2 TL Basilikum

1/2 TL Thymian

1/2 TL Rosmarin

1/2 TL Oregano

1 TL Pfeffer

1/4 TL Chilipulver

1 Chilischote nach Belieben

1/4 TL Harissa

Fleisch- oder Gemüsebrühe

Öl im Buschmannstopf (ersatzweise in einem großen Kochtopf) erhitzen, die in Würfel geschnittenen Zwiebeln glasig dünsten. Gurke und Tomaten in Würfel schneiden. Die Paprikaschoten in Streifen schneiden, die Kartoffeln schälen, vierteln und ebenfalls in Scheiben schneiden. Alles zusammen zu den Zwiebeln geben. Mit Brühe aufgießen, bis alles gerade bedeckt ist.

5–6 Spritzer Tabasco darübergeben und kräftig rühren (immer vom Rand und dem Boden fort). In einer kleinen Schüssel Basilikum, Oregano, Thymian, Rosmarin, Salz, Pfeffer, Chilipulver und Harissa mischen, dann die Gewürzmischung in den Topf geben. Chilischote einmengen, wenn es besonders scharf sein soll.

Unter kräftigem Rühren köcheln lassen, bis die Kartoffeln und der Kohl fast gar sind; dabei immer auf genügend Flüssigkeit achten. Nun noch die Kidney-Bohnen mit etwas Saft aus der Dose hinzufügen. Das Ganze einkochen lassen und zum Schluss mit Salz und Pfeffer abschmecken.

Dazu passen zum Beispiel Rinderfilets, aber auch jedes andere beliebige Grillfleisch, ob Koteletts oder Würstel. Dieses Gericht schmeckt am besten, wenn es auf einem Holzfeuer zubereitet wird. Wichtig ist, dass man immer tüchtig rührt, damit nichts anbrennt.

Gefüllte Koteletts

Namibia

4 Schweinekoteletts, ca. 3 bis 4 cm dick

1 TL Butter

40 g Kochschinken, würfelig geschnitten

1 kleine Zwiebel, gehackt

50 g Champignons, in Würfel geschnitten

1/2 TL Knoblauch, gehackt

1/2 TL Zitronensaft

Salz

schwarzer Pfeffer, frisch gemahlen

1 Prise Cayennepfeffer

Erst die Zwiebel und den Knoblauch, dann die Champignons in Butter anbraten. Den Schinken zugeben. Die Masse gut vermengen und kräftig würzen. In die Koteletts je eine tiefe Tasche schneiden, die Füllung hineingeben und mit einem Zahnstocher verschließen. Bei moderater Hitze etwa 8 Minuten von jeder Seite grillen. Vor dem Servieren mit Zitronensaft beträufeln.

Apfel-Koteletts mit Salbei

4 Koteletts, ca. 2 bis 3 cm dick

1 Süßkartoffel, geschält und in Scheiben geschnitten

2 säuerliche, feste Äpfel, in ca. 1 cm dicke Scheiben geschnitten

5 TL Butter

5 TL brauner Zucker

Salz, Pfeffer nach Geschmack

4 Salbeiblätter

Folie zum Einwickeln

Die Koteletts würzen und auf beiden Seiten kurz anbraten. Mit je einem Blatt Salbei, einer Scheibe Süßkartoffel, einer Apfelscheibe und einem Stück Butter belegen, mit braunem Zucker bestreuen. Anschließend in Alufolie einwickeln, die Enden gut verschließen und etwa 15 bis 20 Minuten grillen.

Kebab vom Strauß

Botswana

500 g Straußenfilet, in Würfel
geschnitten
2 mittlere Zwiebeln, in nicht zu dünne
Scheiben geschnitten
3 grüne Paprikaschoten, in breite
Streifen geschnitten
1 scharfe rote Chilischote, in feine
Streifen geschnitten
grober Pfeffer
Salz
2 EL Öl
Holzspieße

Chilischote, Salz und Pfeffer mit dem Öl zu einer Marinade verrühren. Das Fleisch für mindestens 2 Stunden darin ziehen lassen. Holzspieße etwa 1 Stunde ins Wasser legen, damit sie nicht anbrennen. Dann das Fleisch abwechselnd mit den Zwiebelscheiben und Paprikastreifen auf Spieße stecken. Bei mittlerer Hitze ca. 10 Minuten grillen, dabei mehrfach wenden.

Peri-Peri Shrimps

Senegal

4 bis 8 große Shrimps mit Schale

Peri-Peri-Marinade:
1/2 Tasse Olivenöl
2 TL Zitronensaft
1 – 2 Knoblauchzehen, gehackt
2 Lorbeerblätter
1/2 TL Peri-Peri-Gewürzmischung
(ersatzweise gemahlene Chilischoten,
scharf!)

Die Zutaten vermengen und über die Shrimps gießen, für mindestens 2 Stunden marinieren. Je nach Größe etwa 4 bis 8 Minuten grillen.

Spanferkel

Südafrika

1 vorbereitetes Spanferkel

Marinade:

3 EL Orangensaft

3 EL neutrales Öl

5 – 6 Knoblauchzehen, gehackt

3 TL grobes Salz

2 TL schwarzer Pfeffer, frisch gemahlen

Am Tag vor dem Grillfest die Haut des Schweins mit einem scharfen Messer gut einschneiden, mit der Marinade bestreichen und etwas einmassieren. Mit einem Spieß über der glühenden Holzkohle befestigen und ständig drehen. Garungszeit je nach Größe des Ferkels: 2 bis 4 Stunden.

Welbeloontjies – Steckerlbrot

Namibia

2 Tassen Mehl

2 TL Backpulver

1 Prise Zucker

etwas Salz

2 TL weiche Butter

1 Ei

5 TL Milch

5 TL Wasser

Mehl zum Ausrollen

Holzstöcke zum Aufspießen

Stöcke etwa 1 Stunde ins Wasser legen, damit sie nicht anbrennen. Aus den Zutaten einen festen Teig kneten und etwa 1,5 cm dick ausrollen. Etwa 2 × 35 cm große Streifen zuschneiden und diese um saubere Stöcke wickeln. Auf den Grill legen und ab und zu wenden. Dieses „Steckerlbrot" wird in Südafrika und Namibia gerne mit Marmelade gegessen.

Thunfisch und Jakobsmuscheln auf dem Spieß

400 g Thunfischfilets, in ca. 3 × 3 cm

große Würfel geschnitten

400 g Jakobsmuscheln, ausgelöst

1 TL Sezuan-Pfeffer, gestoßen

2 TL grobes Meersalz

Abrieb einer Limone

etwas Olivenöl

Prise Zimt

Holzspieße, 1 Stunde gewässert

Die Gewürze mit dem Olivenöl verrühren und die Muscheln und den Fisch 2 Stunden darin marinieren. Dann abwechselnd auf Spieße stecken und ca. 3 Minuten von jeder Seite grillen.

Würziger Fisch mit tropischen Früchten
Südafrika

4 Kaplachs-Filets à 200 g

Meersalz

2 kleine Mangos

2 Bananen

2 EL Amarula (afrikanischer Creme-Likör)

1 TL Currypulver, medium scharf

1 Prise Cayennepfeffer

100 g Butter

1 Knoblauchzehe, gepresst

1 TL Kokosraspeln

Schnittlauch

Koriander

Jedes Fischfilet der Länge nach teilen. Beide Teile in drei gleich große Streifen schneiden, diese miteinander verflechten und die Enden mit dem Schnittlauch zusammenbinden. Den Fisch mit Cayennepfeffer, Currypulver und Meersalz würzen.
Die Früchte in Würfel schneiden, mit Amarula verrühren und in eine ofenfeste Schüssel geben. Die „geflochtenen" Fischfilets auf die Früchte legen. Backofen auf 180 Grad vorheizen. Knoblauch und Butter leicht erhitzen. Den Fisch damit bestreichen, die Kokosraspeln darüberstreuen und bei 180 Grad 15–20 Minuten im Ofen backen.

Huhn auf Dose
Südafrika

2 Brathühner

2 Dosen Bier

2 EL Olivenöl

Salz und Pfeffer nach Geschmack

2 Zimtstangen

1 TL Koriander

2 rote Chilischoten

2 Lorbeerblätter

Kreuzkümmel

1 EL Dijonsenf

1 EL Dukkah Spice (siehe unten)

Das Backrohr auf 160 Grad vorheizen. Die Bierdosen öffnen und jeweils einen guten Schluck abtrinken. Die Hühner mit einer Mischung aus Olivenöl, Salz und Pfeffer einreiben. Die Zimtstangen zerkleinern, mit Koriander, Chilischoten, Lorbeerblättern und Kreuzkümmel vermischen und die Hühner mit dieser Mischung füllen. Vorsichtig auf die Dosen setzen und auf der untersten Schiene bei etwa 160 Grad 45 Minuten braten. So entfaltet das verdampfende Bier ein unvergleichliches Aroma. Anschließend die Hühner herausnehmen, mit Senf und Dukkah-Gewürz bestreichen und wieder in den Ofen schieben – für weitere 15 Minuten bei 170 Grad. Zum Schluss im abgeschalteten Ofen für 10 Minuten ruhen lassen, halbieren und auf einer angewärmten Platte servieren.

Harissa

10 rote Chilischoten, geputzt und in Stücke geschnitten

1/2 TL Kreuzkümmel, gemahlen

1/2 TL Koriander, gemahlen

2 Knoblauchzehen, gehackt

1/2 TL Salz

Diese Würzpaste wird in ganz Afrika mehr oder weniger scharf zubereitet. Wenn Abdull, der afrikanische Koch, sie zubereitet, tränen Küchendirektor Ehrgott die Augen!

Alle Zutaten in einem Mörser zerdrücken, bis eine scharfe Würzpaste entsteht. Diese wird überall in der afrikanischen Küche verwendet.

Dukkah-Gewürz

Diese Würzmischung wird in Afrika je nach Region mal schärfer, mal weniger scharf gemacht. Wir haben uns für den Mittelweg entschieden:

1/2 TL schwarzer Pfeffer, frisch gestoßen

1/2 TL Kreuzkümmel

1 getrocknete Chilischote, im Mörser zerkleinert

2 EL Sesamkörner

1 EL Haselnüsse, frisch geröstet und grob gehackt

1/2 TL Koriander, getrocknet

1 TL Steinsalz oder grobes Meersalz

Alle Zutaten, bis auf die Sesamkörner und die Nüsse, im Mörser vermengen. Nun die Sesamkörner dazugeben und zerdrücken. Zum Schluss die Haselnüsse beimengen, die nicht ganz zerkleinert sein sollten.

Diese Mischung eignet sich nicht nur für „Dosen-Hühner" und andere Braten, sondern gibt auch beispielsweise Gemüsesuppen eine schöne Schärfe.

Springbock-Steaks
Tansania

600 g Steaks vom Springbock, Strauß oder Hirsch

30 ml Öl

1 TL Curry

2 EL Aprikosenmarmelade

Salz

Pfeffer, gestoßen

Zutaten mischen, das Fleisch einlegen und auf dem Grill bei mittlerer Hitze rosa braten.

Tabbouleh
Marokko

175 g Bulgur (Weizenschrot)

1 Bund glatte Petersilie

1 Handvoll Minzeblätter

2 mittelgroße Tomaten, abgezogen,
entkernt und gewürfelt

1 Bund Frühlingszwiebeln, in ca. 1 cm
dicke Ringe geschnitten

1 TL Harissa

3 EL Olivenöl

3 EL Zitronensaft

Salz

Pfeffer nach Geschmack

Den Bulgur 2 bis 3 Stunden wässern, anschließend in einem Sieb gut abtropfen lassen. Petersilie und Minze hacken, zusammen mit den Tomaten und Frühlingszwiebeln zum Bulgur geben und gut vermischen. Olivenöl, Harissa und Zitronensaft aufschlagen und über den Salat träufeln.

Erdnuss-Reis
Senegal

250 g gemahlene Erdnüsse

250 g Duftreis

Salz

Die gemahlenen Nüsse gut mit dem Reis vermengen und in kochendes Wasser einrühren; der Reis sollte nur knapp mit Wasser bedeckt sein. Bei Bedarf weiteres Wasser dazugeben. Häufig umrühren, damit der Reis nicht ansetzt.

Honig-Kringel

Marokko

500 g Weizenmehl

2 EL Zucker

1/2 TL Salz

1/2 Würfel frische Hefe

2 Tassen warmes Wasser

Öl zum Frittieren

Puderzucker oder Honig

Das Weizenmehl mit Zucker und Salz mischen.
Die Hefe mit etwas warmem Wasser glatt rühren, mit
dem restlichen Wasser und Mehl vermengen und zu
einem Teig kneten.

Abgedeckt an einem warmen Ort zwei Stunden
gehen lassen.

Mit geölten Fingern kleine Teigportionen entnehmen,
zu Kugeln formen und mit dem Finger in die Mitte
jeder Kugel ein Loch stechen, so dass ein Kringel entsteht. Diesen sofort im heißen Frittierfett ausbacken
und lauwarm mit Honig oder Puderzucker servieren.

Honig-Bananen vom Grill

8 reife Mini-Bananen

150 g geröstete Walnüsse

250 g Creme double (oder Crème fraîche)

2 cl Whisky

Honig nach Geschmack

1 TL Zimt

Die Bananen mit der Schale grillen, bis die Haut schwarz wird. Auf eine Platte legen und je ein Stück Schale abziehen. Die Creme double mit Whisky und Zimt verrühren und je 1 bis 2 Löffel auf den geschälten Teil der Bananen geben. Mit Walnüssen und Honig dekorieren.

Braai Punsch
Südafrika, Braai steht dort für Barbecue

1 Tasse Zucker

3 Tassen Mineralwasser

6 Orangen, ausgepresst

6 Zitronen, ausgepresst

2 bis 3 Bananen, in Scheiben geschnitten

1 frische Ananas, in Stücke geschnitten

3 Passionsfrüchte, halbiert und aus-
gelöffelt

2 l Ginger-Ale

1 Flasche Weißwein, halbtrocken

Alle Zutaten gut vermengen und ordentlich durch-
kühlen. Ergibt etwa 5 Liter.

Ingwer-Ananas-Drink

300 g Ingwer

300 g feiner Zucker

500 ml Ananassaft

Saft einer Zitrone

1 Prise Muskatnuss

Ingwer schälen und in kleine Stücke schneiden. In
einer Küchenmaschine mit 500 ml Wasser kräftig
mixen und einen Tag im Kühlschrank ruhen lassen.
Abseihen. Weitere 500 ml Wasser, Fruchtsäfte, Zucker
und die Prise Muskatnuss einrühren. Gut gekühlt
servieren. Der Ingwer-Ananas-Drink enthält eine ge-
wisse Schärfe, wem das zu viel ist, fügt einfach noch
etwas Wasser hinzu.

Amarula Cocktail
Südafrika

10 cl Amarula (afrikanischer Creme-Likör
des Marula-Baums)
5 cl weißer Rum
20 cl Ananassaft
4 cl Kokossirup
ein paar Mandelstifte zum Dekorieren
4 EL Schlagsahne, geschlagen
Eiswürfel

Alle Zutaten, bis auf die Schlagsahne, mit Eiswürfel
in einem Shaker mixen. Ohne Eiswürfel in vier
Gläser füllen. Mit geschlagener Sahne und Mandel-
stiften dekorieren.

Register

Süßes

Würziges

DANK

Mein Dank gilt André Heller, der sich sofort von meiner Idee zu diesem Projekt begeistern ließ und mich später einlud, dieses ungewöhnliche Kochbuch mit ihm und seinem langjährigen Grafiker Stefan Fuhrer in wirklich paradiesischer Umgebung am Gardasee fertigzustellen. Ein kundiger Berater und wunderbarer Gastgeber.

Danke auch an den Produzenten des *Afrika! Afrika!* Zirkus, Matthias Hoffmann, der uns erst sein Büro und dann auch noch das Besprechungszelt überließ, als wir in Berlin mit dem Fotografen Harald Eisenberger und seiner Foto-Assistentin Lydia Fuis die Gerichte und seine Rezeptgeber fotografiert haben. Matthias Hoffman machte alles möglich und sein Team half uns, wo sie konnten.

Mein besonderer Dank gilt meiner Assistentin Claudia Schmidt, die wochenlang die schönsten Accessoires zusammengetragen und die Szenerie perfekt ausgestattet hat; nebenbei löste sie auch meine Computer-Probleme wie von Zauberhand.

Ohne Alex Ehrgott, dem genialen Küchendirektor von *Afrika! Afrika!*, der im Gourmet-Tempel „Erbprinz" gelernt hat, in vielen „Sterne"-Küchen und mit Gourmet-Größen wie Eckart Witzigmann am Herd stand, wäre das Buch nie zustande gekommen. Er und seine Crew mit Mario Issing, Katrina Glatzle und Oliver Kliebenstein haben wunderbar gekocht und die Rezepte hervorragend interpretiert.

Danke auch an Barbara Mayr, deren inspirierender Laden „ Style Afrika" André Heller während der Fußball-WM in München entdeckt hatte. Sie versorgte uns mit außergewöhnlich schönem Geschirr und Bestecken von jungen Designerinnen aus Südafrika.

Vielen Dank auch an meinen Mann, er weiß schon wofür.

INHALT

IMPRESSUM
Bibliografische Information der Deutschen
Nationalbibliothek
Die Deutsche Nationalbibliothek verzeichnet diese
Publikation in der Deutschen Nationalbibliografie;
detaillierte bibliografische Daten sind im Internet über
http://dnb.d-nb.de abrufbar.

1. Auflage
Graphische Gestaltung: Fuhrer, Wien
Lektorat: Olivia Volpini & Fitore Brahimi
Fotografie und Bildbearbeitung: Harald Eisenberger
Fotoassistenz: Lydia Fuis
Aufbau, Ausstattung: Claudia Schmidt
Coverfotos: Gettyimages, Harald Eisenberger
Fotos auf den Seiten 2/3 Stephan Maka; 4 Sabina Sarnitz,
Peter Rigaud, Markus Hildebrandt; 5 Sabina Sarnitz,
Markus Hildebrandt; 6/7 Markus Hildebrandt; 9 Susanne
Schmögner; 107 Markus Hildebrandt; 176/177 Sabina
Sarnitz, Stephan Maka; 178 Sabina Sarnitz, Nafetz Rerhuf,
Markus Hildebrandt; 179 Sabina Sarnitz, Nafetz Rerhuf;
180/181 Sabina Sarnitz

Gedruckt in der EU

Copyright © 2006 by Christian Brandstätter Verlag, Wien

ISBN 3-902510-93-5

Christian Brandstätter Verlag
GmbH & Co KG
A-1080 Wien, Wickenburggasse 26/3
Telefon (+43-1) 512 15 43-0
Telefax (+43-1) 512 15 43-231
E-Mail: info@cbv.at
www.cbv.at